プレップ
国際私法

神前 禎

弘文堂

はしがき

　この本は、国際私法の入門書です。
　国際私法についてまったく学んだことのない方が、手にとってそのまま読み進むことで、国際私法の基本的な考え方について理解できる本です。
　国際私法の分野には、優れた概説書がすでにたくさん存在します。もっとも、それらの書物の中には、さまざまな問題を広く扱っているために通読がむずかしいものがあります。講義で教科書として用いられること、そこで何らかの補足がされることを予定しているものもあります。こうして考えていくと、まったくの初学者が、一読して国際私法について全般的な知識を得ることができるような書物を見つけるのは、それほど簡単なことではありません。
　もちろん、従来の概説書を読むだけで、国際私法についてしっかりと理解できる方もいるでしょう。そのような方には、特に入門書として執筆されたこの本は不要なものだと思います。つまりこの本は、「そうでない方々」のために書かれたものです。
　Appleから発売されたMacintoshというパソコンの広告では、かつて、"the Computer for the Rest of Us" という言葉が使われていました。当時ももちろん、コンピュータの扱いに長けていて、コマンドを入力してコンピュータを操作できる人はいたわけですが、Macintoshは、「そうでない方々」がマウスなどを使っ

て操作できるパソコンだと宣伝したわけです。

　この本も、"for the Rest of Us"なものとして、つまり、国際私法について学ぶ機会のない、ごく普通の方が、国際私法についての基本的な考え方を知るためのものとして、読んでいただけるように執筆しました。重要でない問題や、理解がむずかしい問題は思い切って省き、基本的な問題についてはきちんと理解できるように、かみ砕いた説明を繰り返しています。そのため、入門書としては少々厚くなってしまったかもしれませんが、それだけわかりやすいものになったと自負しています。

　さて、国際私法についてすでにご存じの方向けになってしまうかもしれませんが、ここで、この本の構成を簡単に紹介することにします。

　この本は、全3部、13章から構成されます。

　第1部「適用されるルールを決める～準拠法選択規則の巻～」では、国際私法の意義から出発して、国際民事紛争を解決する際の基準である準拠法の選択・決定、そしてその適用までの道筋をたどりました。

　第2部「紛争解決の場所を決める～国際裁判管轄・外国判決承認の巻～」では、国際民事紛争の解決手続に関する中心的な問題である、国際裁判管轄および外国判決の承認といった問題をとりあげました。

　そして第3部「世界は国際私法に満ちている～アンさんの物語の巻～」では、アンさんという1人の女性の物語を追うというス

タイルで、人々の生活のさまざまな場面に顔を出す国際私法的な問題の解決を考えていくことにしました。

　この本は、国際私法についてはじめて学ぶ方に、第1部から順番に読んでいただくことを想定して執筆しました。しかし、クロス・レファレンスを充実させましたので、国際私法についてある程度知識のある方には、自分の理解が不十分なところや面白そうなところを拾い読みするなど、自由に活用していただけるでしょう。

　はしがきの最後に、国際私法の背景にある理念の1つをとりあげたいと思います。準拠法選択／国際裁判管轄／外国判決の承認執行という国際私法の3つの制度の根底には「寛容さ」という理念が存在すると思います。準拠法選択においては外国法を適用する寛容さ、国際裁判管轄については両当事者の利害を公平に考慮する寛容さ、そして外国判決の承認にあたっては実質的再審査を行わない寛容さ、どれも、「日本法の判断が絶対である」「日本人を保護すべきである」といった考え方からは導かれないものではないでしょうか。

　これからも、国際民事紛争の解決枠組みとしての国際私法は少しずつ変化をしていくことでしょう。この本に書かれたことも同じように少しずつ古くなっていくと思います。しかし、国際民事紛争を「妥当に」解決するには一定の寛容さが必要であることは、今後も認識され続けていくと信じています。

　国際私法に関心をもち、この本を手にとっていただけた方には、

このような寛容さにも関心をもっていただければ幸いです。

　この本が何とか完成したのは、弘文堂編集部の登健太郎氏の粘り強い叱咤激励とご尽力のおかげです。心から感謝いたします。また、さまざまな事情の中で、私が仕事に向かう時間を確保できたのは、家族のおかげです。亜樹、葵、遥の名前をここに記すことをお許しください。

　2015年1月

　　　　　　　　　　　　　　　　　　　　　　　神前　禎

目　次

はしがき　iii

第1部　適用されるルールを決める〜準拠法選択規則の巻〜

第Ⅰ章　国際私法って何？——国際私法の意義のお話 … 2
 1　国際私法＝国際＋私法 … 2
 2　どういうルールを適用する？ … 5
 3　国際私法の法源 … 14

第Ⅱ章　準拠法ってどうやって決めるの？
   ——準拠法選択全般のお話 … 18
 1　基本的な枠組み … 18
 2　準拠法の決定・適用の具体的過程 … 23
 3　国際私法の特徴 … 29

第Ⅲ章　どの規定を使いましょうか？
   ——性質決定のお話 … 35
 1　単位法律関係とその分類 … 36
 2　性質決定 … 49

第Ⅳ章　目的地への行き方——連結点のお話その1 … 63
 1　さまざまな連結点 … 64
 2　複雑な連結方法 … 67
 3　連結政策 … 87

第Ⅴ章　果たしてその場所は——連結点のお話その2 … 91
 1　国　籍 … 92

2	常 居 所	*100*
3	最密接関係地	*105*
4	日本法の優先	*107*
5	連結点の基準時	*113*

第VI章　結局どの法によるのかな
　　　　　——準拠実質法の特定のお話 …………………………… *117*

1	連結点による準拠法の指定	*118*
2	不統一法国法の問題	*118*
3	準拠法の不存在	*124*
4	準拠法指定の意義と反致の理論	*126*
5	日本における反致	*134*

第VII章　そして紛争を解決する——準拠法の適用のお話 … *141*

1	準拠法への送致範囲の画定	*142*
2	国際私法上の公序	*150*

コラム　統一法と国際私法との関係——第１部の終わりに　　*165*

第２部　紛争解決の場所を決める
　　　　～国際裁判管轄・外国判決承認の巻～

第VIII章　紛争解決という名の迷路
　　　　　——国際民事手続法と国際裁判管轄のお話その１ …… *170*

1	広義の国際私法と国際民事手続法	*171*
2	国際裁判管轄という問題	*176*
3	国際裁判管轄と準拠法選択	*178*
4	国際裁判管轄と国内土地管轄	*183*
5	国際裁判管轄に関する規定	*190*

第IX章　迷路に入れてくれるかな
——国際裁判管轄のお話その2 ······ 194
1. 国際裁判管轄についての考慮要素 ······ 195
2. 民事訴訟法の国際裁判管轄規定 ······ 198
3. 管轄権の専属（民訴法3条の5、3条の10） ······ 200
4. 一般的な管轄原因 ······ 202
5. 特殊な管轄原因 ······ 206
6. 消費者契約および労働関係に関する訴えの管轄権 ······ 210
7. 特別の事情による訴えの却下（民訴法3条の9） ······ 215

第X章　お隣の迷路を通ったのですが
——外国判決の承認・執行のお話 ······ 219
1. 国内判決の効力 ······ 220
2. 外国判決の効力 ······ 224
3. 外国判決の承認・執行制度の概要 ······ 227
4. 外国判決の承認要件 ······ 232
5. 外国判決承認の効果 ······ 239
6. 外国での訴訟提起への対処と国際訴訟競合 ······ 240

コラム　公法と国際私法との関係——第2部の終わりに　　245

第3部　世界は国際私法に満ちている
〜アンさんの物語の巻〜

第XI章　出会いそして別れ——アンさんの物語その1 ······ 250
1. 婚姻の成立 ······ 250
2. 離　婚 ······ 259
3. 子の親権・監護権 ······ 263
4. 子の奪取 ······ 265

第XII章　新たな出発——アンさんの物語その2 ………… *268*
1　非嫡出親子関係の成立 ………… *269*
2　相　　続 ………… *273*
3　行為能力 ………… *275*
4　売買契約の準拠法と国際裁判管轄 ………… *276*
5　国際物品売買契約に関する国際連合条約 ………… *282*

第XIII章　ビジネスでの成功、そして……
　　　　　——アンさんの物語その3 ………… *283*
1　会社の設立 ………… *284*
2　労働契約・消費者契約 ………… *287*
3　知的財産権 ………… *291*
4　不法行為 ………… *292*
5　物語は続く ………… *297*

コラム　国際民事紛争解決の思考過程——第3部の終わりに　*299*

資料：法の適用に関する通則法　*302*

事項索引　*311*

第 **1** 部

適用されるルールを決める
～準拠法選択規則の巻～

　国際私法の世界へようこそ。

　第1部では、「国際私法とは何か」という問いを出発点として、準拠法の選択・決定、そしてその適用という狭義の国際私法をとりあげることにします。

　準拠法選択に関する問題は、国際私法のいわば古典的な問題ですが、それについて学ぶ場合には、たとえば民法のような法分野について学ぶ場合とは異なる発想が必要となってきます。準拠法選択に関する問題は、広義の国際私法の中で、もっとも理解がむずかしいものかもしれません。

　しかしご安心ください。この本では、準拠法に関する問題について、1つずつ丁寧に、わかりやすく説明を積み重ねていきます。また、特に理解のむずかしいところについては、「たとえ話」を駆使して、理解が容易になるように工夫してあります。

　おっと、前口上はこれくらいにしておきましょう。それでは国際私法の世界をお楽しみください。

第Ⅰ章　国際私法って何？
──国際私法の意義のお話──

　この本は、「国際私法」についての入門書です。それを書いている私は、国際私法の研究者というわけです。

　そんな私が初対面の人に「国際私法を研究しています」と自己紹介をすると、「その『国際私法』というのは何ですか？」と聞かれます。あ、実は、本当に聞かれることはそんなに多くはないのですが、まぁ話の流れ上、そう聞かれる、ということにしておいてください。

　「国際私法とは何か」……むずかしい質問です。しかし、国際私法についての入門書を書いておきながら、この質問に全然答えないというのでは、入門書の「門」を入った先に何があるのかわからないままということになってしまいます。それでは誰にも門をくぐってもらえないでしょう。

　というわけで、まずは第Ⅰ章で、「国際私法って何？」という疑問に答えることにしたいと思います。

1　国際私法＝国際＋私法

●言葉の意味から出発して　　国際私法の意味について考える出発点は、そこで使われている「国際」と「私法」という言葉です。まず、それぞれの言葉の意味を

考えてみましょう。

このうち、「国際」は理解しやすいでしょう。国と国とをまたがるような、とか、複数の国に関係するような、国境を越えた、といった意味ですね。

これに対して、「私法」という言葉は少しわかりにくいかもしれません。しかし、法律を学んだ方であれば、法律が大きく「私法」と「公法」とに分けられるということを聞いたことがあると思います。私法とは私人と私人との間の法的関係を規律する法、公法とは国家と個人との法的関係等を規律する法です。もっとも、私法と公法とを厳密に区別しようとすると、その区別の基準は何か、目的は何か、そもそも区別は可能か、といった点が問題となりますが、ここでは以上のように、非常に大雑把にとらえておけば十分でしょう。

このように、「私法」とは私人と私人との間の法的関係を規律するものなのですから、国際「私法」においても、問題となるのはあくまでも私人と私人との間の関係です。そして「国際」私法ですから、そこでとりあげられるのは国境を越えた私人間の関係ということになります。

以上をまとめますと、国際私法とは、私人と私人との間の、国と国とをまたがるような法的関係をめぐって生じた紛争を規律する法のことである、といえそうです。このような法的紛争を、この本では、**国際民事紛争**と呼ぶことにしました。国家間の「国際紛争」とはまったく異なるものですので、その点注意してください。

●**国際民事紛争とは** 国際民事紛争とはどのようなものかを考えるために、まずはその反対に、「国内」的な民事紛争というものを考えてみます。

　たとえば、日本に住む日本人（貸主）が日本で所有しているマンションを、日本に住む日本人（借主）に賃貸し、借主が貸主に対して、円で指定された賃料を、貸主のところに毎月持参して（あるいは振り込んで／口座引き落としで）支払う旨の契約（つまり、不動産の賃貸借契約）をしたとします。このような契約をめぐって、借主が賃料を支払わないとか、マンションで水漏れがしたとか、そういった民事紛争が生じた場合、そのような民事紛争は、日本とのみ関連を有するという意味で、国内的な民事紛争ということができるでしょう。

　また、婚姻であれば、日本に住む日本人男性と、日本に住む日本人女性とが、日本において婚姻届を提出したけれども、実際には夫婦となる意思はなかったとか、その後夫が別の女性と仲良くなって離婚を求めたとか、そういった民事紛争は国内的な民事紛争というわけです。

　これに対し、不動産の賃貸借契約であれば、契約当事者が外国人であるとか、目的物が外国にある不動産であるとか、賃料がユーロ建てで設定されているとか、そういった事情があると、純粋に国内的な民事紛争とはいえなくなってきます。そして、オランダに住んでいるロシア人が、日本において所有しているマンションを、ベルギーに住んでいるフランス人に賃貸する契約を締結し、その賃料が米ドルで指定されている……などとなりますと、それ

をめぐって生じる民事紛争が国際民事紛争であるのは明らかです。婚姻についても同じように、ドイツで暮らしていたギリシャ人男性と、ベトナムに住んでいたマレーシア人女性とが、日本で出会って婚姻し、その後韓国で婚姻生活を開始した、ということであれば、そのような婚姻に関して生じる民事紛争は、明らかに国際民事紛争ということになります。

国際私法は、このような国際民事紛争を対象とする法分野ということになります。

2 どういうルールを適用する？

民事紛争には国内的なものと国際的なものがあって、国際的な民事紛争を扱うのが国際私法である、と説明しました。では、国際民事紛争については、国内的なそれとは何か異なる扱いをすべきことがあるのでしょうか。あるいは、国際民事紛争については何か特別な問題が発生するのでしょうか。

もし、国際民事紛争も国内的な民事紛争と同様に解決すればよい、特別な問題は生じない、ということであれば、国際私法は必要ないということになります（私もあえなく失業しそうです）。

しかし、国際民事紛争の解決には、国内的な民事紛争の解決の場合とは異なる考慮が必要だと考えられています。そして、このような、国際民事紛争の解決に特有な問題を扱う法のことを、**(広義の) 国際私法**と呼びます。

第1部では、広義の国際私法のうち、国際民事紛争を解決する際に適用される法規範の決定という問題に着目して考えたいと思

います。具体的にはまず、国際民事紛争についても、国内的な民事紛争の解決に適用される民法や商法・会社法といった日本法をそのまま適用してよいかが問題になります。

●国内的ルールの変容　具体例として、どのような文書であれば遺言(いごん)として有効とされるか、という遺言の方式の問題について考えてみます。

日本の民法は、遺言の一般的な方式として、自筆証書、公正証書、秘密証書の3つをあげています。

> 民法967条　遺言は、自筆証書、公正証書又は秘密証書によってしなければならない。ただし、特別の方式によることを許す場合は、この限りでない。

そして、いずれの方式による場合でも、遺言が有効と認められるためには、遺言者が印を押すことが必要とされています。ここでは、自筆証書遺言についての民法968条1項を引用しておきましょう。

> 民法968条①　自筆証書によって遺言をするには、遺言者が、その全文、日付及び氏名を自書し、これに印を押さなければならない。

このようなルールの背景には、わが国では、重要な書類に印を押すことが慣行となっているということがあります。しかし、そのような慣行は全世界で普遍的に存在するものではありません。

すると、そのような慣行とは無関係に暮らしている人が遺言を作成したような場合であっても遺言に常に押印を要求し、印が押されていない遺言の効力を否定することが妥当であるか、疑問が出てくることになります。

　実際の裁判例でも、遺言者の押印のない遺言を有効と認めたものがあります（最判昭和49・12・24民集28巻10号2152頁）。この裁判例の事案では、遺言者はもともとロシア生まれのスラブ人で、ロシア革命後に来日し、約40年間わが国で生活し、遺言書作成の2年ほど前に日本に帰化し、作成の約1年後に死亡しています。そのような遺言者の作成した遺言に押印がないことが問題とされましたが、一審判決（神戸地判昭和47・9・4民集28巻10号2155頁）、二審判決（大阪高判昭和48・7・12民集28巻10号2164頁）ともに遺言を有効と認め、最高裁もその判断を支持しています。押印のない遺言を有効と認めた理由として二審判決はこのように述べているところです。

　文書の作成者を表示する方法として署名押印することは、我が国の一般的な慣行であり、民法968条が自筆証書遺言に押印を必要としたのは、右の慣行を考慮した結果であると解されるから、右の慣行になじまない者に対しては、この規定を適用すべき実質的根拠はない。このような場合には、右慣行に従わないことにつき首肯すべき理由があるかどうか、押印を欠くことによって遺言書の真正を危くする虞れはないかどうか等の点を検討した上、押印を欠く遺言書と雖も、要式性を緩和してこれを有効と解する余地を認めることが、真意に基づく遺言を無効とすることをなるべ

く避けようとする立場からみて、妥当な態度であると考えられる。

　もっとも、この裁判例において問題となっていた民事紛争が国際的なものといえるかどうかには疑問もあります。本件の遺言は、長年わが国に居住する日本人によって作成されたものだからです。本件遺言についての国際的な要素は、遺言者が遺言作成の約2年前までは外国人であったこと、ヨーロッパ式の生活を営んでいたこと、遺言が英文で書かれていること、相続人および遺言執行者と指定された者がおそらくは外国人であることといった周辺的な事柄に限られます。

　しかし、このような周辺的な事柄のみが国際的であったにすぎない場合でも、このような特別な考慮は必要とされた、ということもできるでしょう。

　このような特別な考慮は、この裁判のように国内法の「解釈」としてなされることもありますが、特別法を置くという方法によってなされることもあります。たとえば、「外国人ノ署名捺印及無資力証明ニ関スル法律」（明治32年法律第50号）では、以下のように規定されています。

> 1条① 法令ノ規定ニ依リ署名、捺印スヘキ場合ニ於テハ外国人ハ署名スルヲ以テ足ル
> ② 捺印ノミヲ為スヘキ場合ニ於テハ外国人ハ署名ヲ以テ捺印ニ代フルコトヲ得

　この規定によって、わが国の国内法上捺印が必要とされている

場合であっても、外国人は署名のみで足りるものとされているのです。

以上のような対処は、国内的な民事紛争に適用されるルール（**国内ルール**）の内容を若干修正し、そのような修正ルール（いわば**国際ルール**）を国際民事紛争に適用しようというものです。国内ルールは、わが国における風俗や慣習を基礎としているものですから、国際民事紛争には、より普遍的な、わが国の風俗や慣習を前提とはしないような内容の国際ルールを適用する、という考え方です。

●「国際ルール」による対応の限界

しかし、このように既存の国内ルールを修正して作り出した国際ルールを国際民事紛争に適用する、という考え方には限界があると考えられます。

別の具体例として、国際的な契約においては、何歳以上の者に行為能力（つまり、契約などの法律行為を単独で有効に行うことができる資格）が認められるか、という問題について考えてみましょう。行為能力が認められるようになる年齢を成年年齢といいます。わが国ではそれは20歳とされています。

民法4条　年齢20歳をもって、成年とする。

この、成年年齢を20歳としたルールは、国内的な民事紛争に適用される国内ルールということができます。では、国際民事紛争についても、この国内ルールをそのまま適用してよいでしょうか。

それとも国際民事紛争の場合には、国内ルールに何らかの修正を加えた国際ルールを適用すべきでしょうか。

この点について検討するためにはまず、世界各国で成年年齢が何歳とされているかをみてみる必要があるでしょう。日本と同様に20歳を成年年齢としている国もあります。しかし、ヨーロッパやアメリカの州の多くでは18歳で成年とされており、わが国でも成年年齢の引下げの是非が議論されているのは周知の通りです。

このような状況において、成年年齢についての「国際ルール」を定めるとした場合には、成年年齢を18歳とすることも考えられるでしょう。しかし、それが常に適切だといえるでしょうか。

成年年齢を18歳とする国が多いのは確かです。しかし、たとえばインドネシアでは21歳が成年年齢とされているようです。それでは、日本に住んでいる18歳のインドネシア人がわが国で契約を行うという場合に、成年に達しているとして行為能力を認めるべきでしょうか。成年年齢は日本では20歳、インドネシアでは21歳とされているのに、インドネシア人が日本で取引する場合には18歳となる、という結論には疑問を感じます。

さらに別の例として、交通事故を考えてみましょう。

日本に住む日本人（山本さん、としましょう）が、A国に旅行に行き、そこでレンタカーを借りて運転したところ、A国内で交通事故を起こし、A国に住むA国人（ライスさん、としましょうか）に怪我をさせてしまったとしましょう。こういう交通事故は、保険で処理されることが多いと思いますが、仮に、ライスさんが山本さんに損害賠償を請求したとします。その時に、山本さんが、

「私は十分に注意して運転していた。この事故が起きたのはライスさんが急に道路に飛び出してきたせいだ」などと主張したらどうなるでしょう。

わが国では、自動車損害賠償保障法 3 条が以下のように規定しています。

> 3条　自己のために自動車を運行の用に供する者は、その運行によつて他人の生命又は身体を害したときは、これによつて生じた損害を賠償する責に任ずる。ただし、自己及び運転者が自動車の運行に関し注意を怠らなかつたこと、被害者又は運転者以外の第三者に故意又は過失があつたこと並びに自動車に構造上の欠陥又は機能の障害がなかつたことを証明したときは、この限りでない。

同条のただし書による免責はあまり認められておらず、自動車事故については加害者は無過失責任に近い責任が負わされています。

しかし、自動車事故の場合の加害者にどのような場合に責任を負わせるかは、各国によって異なります。また、「運転者はその運転について過失がある場合にのみ損害賠償責任を負う」といった同様のルールを採用する複数の国があったとしても、どのような場合に「過失あり」と評価するかは国ごとに異なるでしょう。

さらに、被害者側の過失が損害賠償請求にどのように影響すると考えるかも、国ごとに異なります。わが国は、過失相殺という考え方をとっています。加害者と被害者双方の過失割合に応じて

損害賠償を認めるという考え方です。これに対して、被害者側の過失が一定程度以上あれば、損害賠償請求を認めない（寄与過失）という考え方をとる法制もあります。

では、ライスさんの山本さんに対する損害賠償請求については、どのようなルールに基づいて判断すべきでしょうか。わが国の国内ルールをそのまま適用すればよいでしょうか。国内ルールとは異なる国際ルールを策定してそれを適用すべきでしょうか。仮に国際ルールを適用するとした場合、国際ルールの内容はどのようなものであるべきでしょうか。

このように考えてみると、国際民事紛争を解決する際に、国内ルールをそのまま適用することが妥当でない場合があるのは確かでしょうが、かといって、国内ルールとは別の内容の国際ルールを定め、それを適用するという方法にも、いろいろと問題がありそうです。各国ごとに妥当と考えられているルールの内容はさまざまに異なり、またさまざまな国際民事紛争がありうることからすると、特定の内容をもつ単一の「国際ルール」を定めることも困難ですし、また仮にそれを定めたとしても、それを適用することが妥当とはいえない場合がたくさん出てきてしまいそうだからです。

●準拠法という発想　国際民事紛争の解決を、国内ルールによって行うことも、一律に定められた国際ルールによって行うことも必ずしも妥当ではないとすると、ほかにどのような解決方法が考えられるでしょうか。

１つの考え方として、国際民事紛争に関連する複数の国の中か

ら、一定の基準によって「ふさわしい国の法」を選び出し、その国の法を適用する、というものがあります。

　たとえば、先ほどの行為能力に関する成年年齢の問題であれば、行為能力が問題となっている人が、どの国の国籍を有しているかを基準として、その国の法を適用する、という考え方がありえます。これによれば、ドイツ人の行為能力についてはドイツ法によって成年年齢を18歳とする、日本人については日本法により成年年齢を20歳とする、インドネシア人についてはインドネシア法により成年年齢を21歳とする、ということになります。

　もちろん、このような「ふさわしい国の法」を決定する際に用いる基準として考えられるものは1つではありません。成年年齢については、どこの国の人であるかではなく、契約を締結する場所を基準とする、という考え方もありうるでしょう。ドイツで契約する場合には成年年齢はドイツ法により18歳、日本で契約する場合には成年年齢は日本法により20歳、インドネシアで契約する場合には成年年齢はインドネシア法により21歳、といったやり方です。さらに、その人が普段どこに住んでいるかを基準とすることもできるでしょう。

　その基準の定め方はともかく、国際民事紛争の解決にあたっては、何らかの基準によって適用すべき法を決定し、それを適用して紛争を解決する、という手法が考えられる、というわけです。

　このような手法は、わが国を含む多くの国で採用されています。そして、国際民事紛争に適用される法は「**準拠法**」と呼ばれます。

　準拠法という言葉を使って表現すると、この手法は、国際民事

紛争を解決する場合には、まず準拠法を決定し、それを適用して紛争を解決しようというものである、ということになります。

このような手法を採用する場合、国際私法の中心的な課題は、ある国際民事紛争について、いかなる国の法を準拠法として選択するか、というものであることになります。

そこで、国際私法とは、狭義では、準拠法を選択または決定するためのルール、すなわち準拠法選択規則のことであるとされます。この本の第１部では、**狭義の国際私法** について検討していきます。

「準拠法」という用語は、国際私法における最重要用語、キーワードその１です。ぜひ覚えてください。

3 国際私法の法源

第Ⅰ章の最後に、以上説明した狭義の国際私法の法源について整理しておくことにします。「法源」とは、「法規範の存在形式」というような意味で使われるややむずかしい用語ですが、ここではごく単純に「国際私法という名前の法律は六法のどこにも載っていないけれど、どの法律を見ればいいの？」という問題を扱うものと理解し、簡単に説明しておこうと思います。

●国内法　わが国では、明治期に近代的な法体系が整えられたときに、国際私法についても同時に整備されました。明治期に近代的な法体系が整備された１つの理由は不平等条約の改正といった点にあったわけですから、国際民事紛争の解決に関する法整備を早期に整えること、国際民事紛争を「西欧列

強」と同様に解決する国であると示すことは、当時の日本にとってきわめて重要な課題であったわけです。

そのような背景のもと、国際私法立法の最初の試みは、明治23（1890）年に制定された**「法例」**（明治23年法律第97号）という名前の法律に結実しました。それは今では旧法例と呼ばれています。当初、旧法例は、同年に制定された民法（いわゆる旧民法）とともに施行されることになっていました。しかし、旧民法に対しては、その内容がわが国の伝統を無視するものであるなどとして、その施行を無期限に延期し、新たな内容の民法を制定すべきである、といった批判がなされました。いわゆる法典論争です。結局、旧民法は施行が無期限に延期されることとなり、その影響で、旧法例も施行が延期されてしまいました。その後、民法そして法例についての新たな立法作業が進められました。民法起草者として名高い梅謙次郎博士や穂積陳重博士は、法例の起草にもたずさわっています。そして、明治31（1898）年に改めて法例（明治31年法律第10号）が制定され、今回は民法第4編第5編とあわせて施行されるに至りました。

法例はその後大きな改正を受けることなく大正・昭和の時代が過ぎました。法例が大きく改正されたのは、制定から約100年後の平成元（1989）年でした（平成元年法律第27号）。そこでは、「婚姻関係及び親子関係における準拠法の指定を両性平等の精神又は子の福祉の理念に一層即したものに改める」（以上、同法律案の提出理由）ことなどが行われています。

そして、平成元年に改正されなかった分野を中心に、法例の規

定内容を全面的に検討したうえで現代語化したものが、法例の全部を改正するという形式で平成18（2006）年に成立した「**法の適用に関する通則法**」（平成18年法律第78号）というわけです。

この、法の適用に関する通則法が、狭義の国際私法の中心的な法源ということになります。この本では、法の適用に関する通則法を、単に「通則法」と呼ぶことにします。

●条　約　　国際民事紛争の解決に関しては、条約上の規律も存在します。わが国は、そのような条約の批准にどちらかというと消極的ですが、それでも、いくつかの条約を批准し、その内容を国内法化した法律を制定しています。

国際私法に関連する多くの条約を制定してきた代表的な国際機関として、**ハーグ国際私法会議**（Hague Conference on Private International Law）があります。ハーグ国際私法会議の第1回会議は1893年に開催されました。第二次世界大戦までに全部で6回の会議が開催され、いくつかの条約が採択されました。その後、ハーグ国際私法会議は1955年から常設機関となり、おおむね4年に1回開かれる本会議によって、多くの条約を採択しています。

わが国がハーグ国際私法会議にはじめて参加したのは、1904年、法例制定の6年後のことです。欧州外の国としては最初の参加国ということになります。もっとも、ハーグ国際私法会議で採択された条約をわが国はあまり批准していません。第二次世界大戦後に採択された39のハーグ条約のうち、わが国が批准したのはわずかに7つ。その7つの条約のうち、準拠法選択に関するものは、「子に対する扶養義務の準拠法に関する条約」（1956年）、「遺言の

方式に関する法律の抵触に関する条約」(1961年)、「扶養義務の準拠法に関する条約」(1973年)の3つにすぎません。

このうち、後2者については、「遺言の方式の準拠法に関する法律」および「扶養義務の準拠法に関する法律」という国内法が制定されているため、条約が直接参照されることはほとんどありません。また、子に対する扶養義務の準拠法に関する条約は、それよりも扶養義務の準拠法に関する条約が優先的に適用されるため、実際に適用される場面はあまりありません。

わが国で妥当している準拠法選択に関する条約はそのほかにもあります。たとえば、「為替手形及約束手形ニ関シ法律ノ或牴触ヲ解決スル為ノ条約」(1930年)「小切手ニ関シ法律ノ或牴触ヲ解決スル為ノ条約」(1931年)があり、それぞれ、手形法、小切手法の一部として国内法化されています。

────── この章のポイント ──────

☑ 広義の国際私法とは、国際民事紛争を対象とする法分野です。

☑ 狭義の国際私法とは、準拠法の選択・決定に関する法分野です。

☑ 狭義の国際私法については、主に法の適用に関する通則法(通則法)が規定しています。

第Ⅰ章 国際私法って何? 17

第Ⅱ章　準拠法ってどうやって決めるの？
──準拠法選択全般のお話──

　第Ⅰ章を読んで、国際私法はどういう法分野なのか、おわかりいただきましたか？　そう、国際私法とは、まずは「準拠法を決める法」すなわち準拠法選択規則なのです。

　となりますと、「では、その準拠法ってやつはどうやって決めるのですか？」と聞きたくなりませんか？

　ある国際民事紛争について、世界にあるさまざまな国の中から、準拠法を選ぶこと、なんとなくワクワクしますよね。ふとぽっかり空いた休みの日に旅に出て目的地を探すような感じでしょうか。

　というわけで、まずは準拠法の決め方の全体像を紹介しようというのが、この第Ⅱ章ということになります。

　あるいは、読者の中には、国際私法はどういう法分野なのかすでにご存じの方もいらっしゃるかもしれません。そういう方は、ぜひぜひこの第Ⅱ章から真剣にお読みいただければ幸いです。

1　基本的な枠組み

　第Ⅰ章の後半では、成年年齢を例に、準拠法の決定を、その人がどこの国の人であるのか、といった何らかの基準に従って行う

手法が考えられること、わが国もそのような手法を採用していることを説明しました。

第Ⅱ章では、国際民事紛争を解決する際に何らかの基準に従って準拠法を決定するという、**準拠法選択規則の構造**やその特徴などについて、もう少し掘り下げてみていきたいと思います。

準拠法選択規則が置かれている法律は、そう、通則法（法の適用に関する通則法）でしたね。さっそく具体的な準拠法選択規則をみてみましょう。通則法4条1項は、次のように規定しています。

> 4条①　人の行為能力は、その本国法によって定める。

成年年齢が何歳であるかという問題は、ある自然人が何歳に達すると完全な行為能力が認められるか、というものですから、ここでいう「人の行為能力」に含まれる問題ということができます。ですから、それについては「その本国法によって定める」ことになる、というわけです。

また、通則法7条は以下のようなものです。

> 7条　法律行為の成立及び効力は、当事者が当該法律行為の当時に選択した地の法による。

「法律行為」というのは少しむずかしい言葉ですが、契約など当事者の意思を基礎とするものです。とりあえずは「契約のこと」と考えておけばよいでしょう。その「成立及び効力」ですか

ら、契約が有効に成立したといえるか、契約の当事者がどのような内容の権利を有し義務を負うことになるのか、といった問題がここでとりあげられている、ということになります。そして、それについて通則法7条は、「当事者が当該法律行為の当時に選択した地の法による」と規定しているのです。

もう少しみてみましょう。通則法13条1項の規定は以下のような内容です。

> 13条① 動産又は不動産に関する物権及びその他の登記をすべき権利は、その目的物の所在地法による。

「動産又は不動産に関する物権」というのは、たとえば、時計(動産です)の所有権や、土地(不動産ですね)に対する抵当権(担保権の一種で物権です)といった問題です。「その他の登記をすべき権利」というもの(これについては、この本では扱いません)も含めて、これらの問題については「目的物の所在地法による」というわけです。

さらに、ほかにこのような規定も存在します。

> 14条 事務管理又は不当利得によって生ずる債権の成立及び効力は、その原因となる事実が発生した地の法による。
> 24条① 婚姻の成立は、各当事者につき、その本国法による。
> 36条 相続は、被相続人の本国法による。

さて、これらの準拠法選択規則をみてみると、それらの規定が

共通する形式をとっていることに気づくことでしょう。「〇〇は、□□法による」というものです（4条1項は「法によって定める」とありますが、ほとんど同じですね）。もちろん、通則法の規定の中には、このような形式には沿わない規定もあります。しかし、通則法に置かれている単純な規定の多くは、同様の構造をもっているということができます。

この、「〇〇は、□□法による」という構造で、「〇〇」は、「法律行為の成立及び効力」「動産又は不動産に関する物権及びその他の登記をすべき権利」といった、その規定がとりあげている問題の範囲を示しています。他方、「□□法による」のところでは、「当事者が当該法律行為の当時に選択した地の法による」「その目的物の所在地法による」など、準拠法を決定するための基準が書かれています。

ここで、国際私法についての最重要用語、キーワードその2とその3とが登場します。ちなみに、キーワードその1は「準拠法」でしたね。

キーワードその2：単位法律関係

キーワードその3：連結点

「**単位法律関係**」とは、上記の「〇〇は、」の部分にあたるもの、準拠法を同一の基準によって決定する「問題の範囲」を示すものです。より正確には、「国際私法が準拠法を指定する際に単位とした法律関係」を意味するとされます。

「**連結点**」とは、上記の「□□」の部分にあたるものです。つまり、「国際私法が準拠法を指定する際に基準とする要素」ということになります。

　最初にあげた通則法4条1項「人の行為能力は、その本国法によって定める」でいえば、「人の行為能力」という種類に該当すれば同項に従って準拠法を指定することになるわけですから、「人の行為能力」が単位法律関係ということになります。そして、同項では、「その本国法による」と規定しているのですから、その人の「本国」が連結点ということになります（正確には、その人の「国籍」ということになります。連結点としての国籍については、主に第Ⅴ章（92頁以下）で説明します）。

　同様に、通則法7条の単位法律関係は「法律行為の成立及び効力」、連結点は「当事者が当該法律行為の当時に選択した地」です。また、13条1項の単位法律関係は「動産又は不動産に関する物権及びその他の登記をすべき権利」、連結点は「その目的物の所在地」ということになります。

【問】20頁にあげた、通則法14条、24条1項、36条の単位法律関係と連結点は何でしょうか。条文の言葉をあげてください。

【答】14条の単位法律関係は「事務管理又は不当利得によって生ずる債権の成立及び効力」、連結点は「その原因となる事実が発生した地」です。
　24条1項では「婚姻の成立」が単位法律関係、連結点は「各

> 当事者につき、その本国」となります(「各当事者につき」の箇所は、第Ⅳ章(82頁以下)で簡単に説明します)。
> 　36条の単位法律関係は「相続」、連結点は「被相続人の本国」というわけです。

　このように、個別の準拠法選択規則には、準拠法選択に必要なこと、すなわち準拠法決定の単位となる法律関係である単位法律関係と、それについて準拠法を指定する際に基準となる要素である連結点とが書かれています。準拠法選択規則は、「**これこれの単位法律関係について、これこれを連結点とする**」という構造を有しているというわけです。

2　準拠法の決定・適用の具体的過程

　このような構造をもつさまざまな準拠法選択規則が、通則法には置かれています。

　それでは、ある国際民事紛争について、それに適用すべき準拠法をどのように決定することになるのかを、もう少し具体的にみてみたいと思います。

　たとえば、このような例で考えてみましょう。

> 　フランス人男性のアラン氏は日本で暮らしています。アラン氏は、日本にマンションを、ハワイに別荘を所有しています。また、そのほかに自動車や銀行預金といった財産も日本にもっています。アラン氏にはヨーコさんという日本人の奥さんや、フランス人の兄弟がいましたが、いずれもすでに亡くなっています。

第Ⅱ章　準拠法ってどうやって決めるの？

> 先日、アラン氏が亡くなりました。アラン氏の甥にあたるフランス人のジャン君は、アラン氏がもっていた財産を取得することができるでしょうか。

　なお、このような事例を国際民事「紛争」と呼ぶことには違和感がある方もいるかもしれません。しかし、法的な回答・解決が迫られているという意味で、これも国際民事紛争の一例と考えることができるのです。

　このような国際民事紛争を解決するには、まず、それに適用すべき準拠法を決定する必要があります。どのように考えていけばよいでしょうか。

●単位法律関係へのあてはめ　　通則法には、さまざまな単位法律関係について準拠法選択規則が置かれています。そのため、ある具体的な法的問題に適用される準拠法を決定するには、まず、当該法的問題についていずれの準拠法選択規則によって準拠法を決定するかを判断しなければならないことになります。「いずれの準拠法選択規則によるか」という問題は、多くの場合、「通則法のどの規定を適用するか」という問題です。

　そして、通則法のいずれの規定を適用するかを判断することは、そこで解決すべき法的問題が、通則法の規定するさまざまな単位法律関係のいずれに含まれる問題かを判断することを意味します。

　上の例でいいますと、アラン氏という自然人が死亡したことによって、その甥であるジャン君が、アラン氏の有していた財産を

取得しうるかという問題が、通則法の定めるさまざまな単位法律関係のいずれにあたるかをまず判断しなければなりません。

　結論としては、この点は、*1*にあげた通則法36条の「相続」という単位法律関係に含まれると判断してよいでしょう。そうなりますと、この問題については、通則法36条によって準拠法を決定すべきだ、ということになるわけです。

　ここで行った作業、すなわち、具体的な法的問題が、いずれの単位法律関係に含まれる（包摂される）かを決定する作業を、「**性質決定**」（英語では、characterization）といいます。特定の法的問題の「性質」を「決定」する作業というわけですね。

　今の例では、この問題を「相続」の問題であると性質決定することに、おそらく争いはないと思います。しかし、性質決定はこのように自明な例ばかりではありません。たとえば、アラン氏が有名な画家と知り合いで、その画家に自画像を描いてもらう約束をしていたとします。その場合、アラン氏の死後そのような「自画像を描いてもらう権利」が相続されて相続人のものとなるのかどうかが問題となりえます。このような問題について、アラン氏の死亡にともなう相続の問題と性質決定して通則法36条により準拠法を決定するのか、アラン氏と画家との間の契約の問題として通則法7条等により準拠法を決定するのか、といったことも性質決定の問題というわけです。

　このような、単位法律関係や性質決定といった問題は、次の第Ⅲ章でとりあげたいと思います。

●連結点の確定　性質決定を行えば、適用すべき準拠法選択規則、適用すべき通則法の規定が確定します。すると次に、その準拠法選択規則の定める連結点が何を示しているかを確定することになります。

　先ほどの例でいいますと、通則法36条によって準拠法を決定すべきだ、となったわけですから、通則法36条の定める連結点を確定することになります。同条には、「被相続人の本国法による」と規定されています。ここで、被相続人とは、相続される人、つまり亡くなった人という意味ですね（「被」という接頭語は、受身を表す言葉です。「被害者」といえば害された人のこと、「被選挙権」といえば選挙される権利、というわけです）。「本国」というのはその人がどこの国の人であるか、その人の国籍を基準とするという意味です。つまり、「本国法による」という場合、連結点は国籍ということになります。今の例では、被相続人はアラン氏ですから、アラン氏の国籍を基準に準拠法を決める、ということになります。

　連結点の確定は、多くの場合、当該条文の解釈によることになります。たとえば、上に述べた通則法14条の連結点は、「その原因となる事実が発生した地」でした。そこでいう「原因事実発生地」とは何か、といった点は、まさに通則法14条の解釈問題というわけです。

　連結点については、第Ⅳ章と第Ⅴ章で検討します。

●準拠法の特定　連結点が確定されたら、それによって指定された法が準拠法とされます。上の例では、ア

ラン氏の国籍によって指定された法であるフランス法が準拠法ということになります。

　連結点が国籍である場合には、それが指し示す場所は一定の広がりをもったものとなりますが、一般的には、連結点によって指定されるのは、「その目的物の所在地」「その原因となる事実が発生した地」などというふうに、単一の地点となります。世界地図の中で「この場所」とピンポイントで指さすことができる場所、というわけですね。

　このような連結点によって指定される法が準拠法というわけですから、準拠法の特定というこの段階では、特に生じる問題はないのが普通です。

　しかし、例外的に問題が生じる場合もあります。

　関連して、もう1つの用語を紹介しておきます。「**法域**」というものです。法域とは、1つの法体系の支配を受ける地域を意味します。日本は日本全体が1つの法域です。フランスもフランス全体が1つの法域です。このように、1つの国が1つの法域となっていることが一般的です。しかし、アメリカ合衆国は、多くの問題について州ごとに法が違います。このような場合には、各州がそれぞれ1つの法域ということになります。イギリスも、かつてはイングランド、ウェールズ、スコットランド、北アイルランド、と4つの法域からなる国でしたが、現在では、イングランドとウェールズは単一の法域となりました。

　1つの国の中に2つ以上の法域が存在する場合には、連結点が国籍ですと、適用すべき準拠法が特定できないことになります。

先の例でアラン氏がアメリカ合衆国の国籍を有していた場合、「アラン氏の本国法はアメリカ合衆国法だから、アメリカ合衆国法が準拠法になる」というわけにはいきません。アメリカ合衆国のどの州の法律が適用されるかをきちんと特定しなければ、準拠法を特定したことにはならないからです。

また、これとは性質が違う問題ですが、国際私法を学んでいると、以下のような迷路に迷い込むことがあります。

> 「日本の国際私法がA国法を準拠法として指定していたときに、A国の国際私法が日本法を準拠法として指定していたらどうなるんだろう。A国法を準拠法とするってことはA国法に従うってことなんだから、A国法に従って日本法を適用しなくちゃいけないんじゃないかな。
>
> あれ、でも待てよ、A国法が日本法に従うっていうのなら、日本法に従ってA国法を適用しなくちゃいけないのかな……。」

このような問題も、「結局どの法律を適用するの?」という点では、準拠法の特定の問題と呼んでも差し支えないでしょう。

第Ⅵ章では、こういった問題を扱いたいと思います。

●**準拠法の適用** 以上により特定された法域の法を準拠法として適用することになります。先の例ですと、ジャン君がアラン氏の財産を取得できるかどうかという問題については、結局フランス法を適用することになりますね。

もうここまで来ればめでたしめでたし、といいたいところなのですが、ところがどっこい、意外にも、この段階で面倒な問題が

発覚することも少なくありません。

　たとえば、準拠法を適用するというときに、準拠法上のどの規定を適用したらよいのか、どの規定まで適用できるのか、といったことに迷う可能性があります。

　また、準拠法を適用したら、こんな結論が出てきちゃったんだけど、それはちょっとマズいんじゃないの？　ということもあるでしょう。

　このような準拠法の適用段階の問題については、第Ⅶ章でとりあげることにします。

3　国際私法の特徴

　以上で、準拠法決定・適用の過程をひととおり確認できたことになります。

　それでは、このような準拠法の決定・適用にはどのような特徴があるといえるでしょうか。この点は、以下のたとえ話を使って説明してみましょう。

> 　ある部屋（「日本の国際私法」の部屋）の壁一面に、世界地図が描かれていて、各法域ごとに独立したロッカーとなっている。それぞれのロッカーには「日本（法）」「フランス（法）」「イングランド（法）」「カリフォルニア州（法）」などと書いてある。世界中のすべての法域に、それぞれ１つのロッカーが与えられており、それぞれのロッカーの中には、各国の法規範（が書かれた膨大な書類）が収められている。
> 　準拠法決定・適用とは、上記のプロセスによって、使用するロ

> ッカーすなわち準拠法を決定し、その後ロッカーの中にある法規範を取り出しそれを適用することである。

　いかがでしょうか。このたとえ話を念頭に、国際私法による準拠法決定の特徴を確認したいと思います。

●間接規範　　国際私法は「準拠法」を定めるものです。具体的な法律問題を直接規律するものではありません。したがって、国際私法によって、国際民事紛争が直接解決されるわけではありません。国際民事紛争の解決は、準拠法を適用してはじめてなされるものです。

　そのような意味で、国際私法は、**間接規範**と呼ばれます。同様に、法適用規範、抵触法、抵触規則などとも呼ばれます。

　間接規範である国際私法に対して、法律問題を直接規律する法、民事紛争に適用されてそれを直接解決する法を「**実質法**」といいます。民法や商法といった実体法はもちろん、民事訴訟法といった手続法も実質法に含まれます。

　先ほどのたとえ話に沿っていいますと、どのロッカーによるかを決定するのが国際私法です。ロッカーを決めるだけですから、間接規範というわけです。これに対し、人々の生活を直接規律するのは、ロッカーの中に入っている法規範である民法や商法です。それが各国の実質法ですね。

●暗闇への跳躍　　国際私法が準拠法を決定するにあたっては、各国の実質法がいかなる内容であるかを問題にしてはいません。そのことから、国際私法を（どちらかという

と批判的な意味で）「**暗闇への跳躍**」と表現することもあります。

　先ほどのたとえ話に沿っていいますと、どのロッカーによるかを決定した後に、はじめてロッカーを開き、その中身を確認する、ということです。最初にいくつかのロッカーに入っている法規範を比べたうえでどのロッカーを使うのかを決める、というわけではないのです。

　言葉を換えていいますと、国際私法＝準拠法選択においては、「内容的によい法を準拠法とすること」が目的とされているわけではありません。その法（実質法）の内容がわが国からみて素晴らしいものであるか否かによってではなく、「連結点の所在」によって準拠法を決定するのが国際私法ということになります。

●**内外国法の平等**　　国際私法は、連結点が指し示す地の法を準拠法として適用します。連結点が示す地が日本国内にあれば日本法を適用しますし、外国にあれば外国法を適用するのです。そこに原理的な区別はありません。その意味で、国際私法のもとでは、内国法と外国法とは平等であるとされます。これを、「**内外国法の平等**」の原則と呼ぶこともあります。

　先ほどのたとえ話に沿っていいますと、日本法、あるいは日本の実質法も、ロッカーの１つにすぎず、その点ではさまざまな外国法（それぞれが１つのロッカー）と同じ地位にある、ということです。

　もちろん、わが国において実際に適用されるのはほとんどの場合には日本法でしょう。その意味では、「わが国においては、日本法の適用が原則であり外国法は例外的な場合にのみ適用され

る」ということも、あながち誤りとはいえません。しかし、それは、わが国において問題となる民事紛争においては、連結点が示す地が日本国内にあることが多い、日本法が入ったロッカーを開くことが多いというにすぎないのです。

　この原則は、「暗闇への跳躍」といわれることとも関連するものです。わが国の立場からすれば、わが国の実質法の内容が素晴らしいものであることは当然とも考えられます。しかし、そこからただちにわが国の実質法を適用する、というのではなく、一歩引いて、あるいは一段高いところから眺めることにして、準拠法選択の問題を「連結点の所在」に委ねたのです。だからこその内外国法の平等というわけです。

　ただし、実際の準拠法選択規則において、このような「内外国法の平等」を破ること、つまり日本法を特別扱いするような準拠法選択規則を置くことも可能です。実際に、わが国の通則法においても、日本法を特別扱いする規定が置かれています（これについては107頁以下参照）。このような規定が、それぞれ、どのような理由から内外国法の平等という原則に対する例外を認めているのかは個別に検討していく必要があります。

●**国内法**　　国際私法の特徴として、最後に、国際私法はあくまでも国内法であること、国ごとにその内容は異なるということを確認しておきたいと思います。

　国際民事紛争の解決について、どのような考えに基づいて、どのような枠組みを採用するか、といったこと自体について、各国の考え方はそれぞれに異なります。そして、ある国際的な民事紛

争が、わが国（あるいはわが国の裁判所）において問題となり、その解決が迫られた場合には、わが国（の裁判所）は、わが国の枠組みに従って準拠法を選択し、それを適用して解決します。しかし、まったく同一の民事紛争が、外国において問題となり、そこでその解決が迫られた場合には、その国ではその国の枠組みに従って準拠法を選択してそれを適用し、あるいは準拠法選択という考え方もとらずに自国法を適用して、それを解決するというわけです。

このように、国際民事紛争の解決方法やその枠組みは各国において異なり、それゆえ、国際私法は国内法であるとされるわけです。

この章のポイント

☑ 準拠法選択規則においては、ある単位法律関係について、いかなる連結点によって準拠法を定めるのかが規定されています。

☑ 準拠法決定のプロセスにおいては、まず性質決定により、どの準拠法選択規則によって準拠法を決定するのかを判断します。

☑ その後は、その準拠法選択規則に規定されている連結点に従って準拠法を決定し、それを適用します。

- ☑ 国際私法は、民法や商法といった実質法とは異なり、あくまでも間接規範であり、国際民事紛争を直接解決するものではありません。

- ☑ 国際私法の内容は各国で異なります。つまり、国際私法は国内法ということになります。

第Ⅲ章　どの規定を使いましょうか？
――性質決定のお話――

　第Ⅰ章と第Ⅱ章で、国際私法の全体像、そして準拠法選択についての全体像は理解していただけたと思います。

　第Ⅲ章から第Ⅶ章では、単位法律関係→連結点→準拠法、という準拠法選択のプロセスに沿って、そこで検討すべきさまざまな問題を順番に検討していきます。

　この第Ⅲ章ではまず、単位法律関係をとりあげます。特に重点を置くのは、ある法的問題がどの単位法律関係に含まれるかという性質決定の問題です。

　第Ⅱ章でみたように、日本の国際私法では、さまざまな準拠法選択規則が置かれていて、そこでは、それぞれの単位法律関係について、それぞれ異なる連結点が規定されています。ある国際民事紛争に関して準拠法を選択する際、そのいずれの準拠法選択規則を用いるかは準拠法選択において非常に重要な意味をもっているのです。

　性質決定は、準拠法決定プロセスにおける最初の、そして一番大きな分かれ道というわけです。

　準拠法選択を、準拠法という目的地に向かう旅にたとえるとしますと、準拠法を求めて電車で出かけるあなたにとって、性質決定は「乗る電車を決める」くらい重要な作業といえるでしょう。

1 単位法律関係とその分類

第Ⅱ章で説明したように、国際民事紛争の解決にあたって国際私法によって準拠法を決定する場合、まず、それがいかなる単位法律関係にあたるのかを判断する必要があります。

●さまざまな単位法律関係　それでは、日本の国際私法において単位法律関係とされているものにはどのようなものがあるでしょうか。通則法の規定をみてみましょう。

通則法は附則を除き全部で3章、43か条からなりますが、具体的な準拠法選択規則を定めているのは、第3章の第1節から第6節まで、4条から37条までです。以下、各節ごとに概観しましょう。第Ⅱ章であげた条文も思い出しながら、必要ならこの本の末尾に掲載した条文を眺めつつ、読んでいただければ幸いです。

第1節「人」（4条から6条）においては、すでにあげた4条1項（19頁）のような、自然人に関する規定が置かれています。ちなみに、法律関係の主体となるものとして、自然人と法人とがありますが、ここでの「人」は自然人のみを意味します。民法第1編第2章「人」が自然人について規定し、それとは別に、第3章に「法人」に関する規定が置かれているのと同じ用語法ということになります。

第2節「法律行為」（7条から12条）においては、契約を中心とする法律行為に関する問題がとりあげられています。代表的な規定は第Ⅱ章であげた7条です（19頁）。

第3節「物権等」(13条) においては、文字通り、物権等についての1か条が置かれています。

　第4節「債権」(14条から23条) は主に、事務管理・不当利得・不法行為といった「法定債権」と呼ばれるものの準拠法についての規定です。第Ⅱ章であげた14条は、事務管理・不当利得について原則的な準拠法を定める規定でした (20頁)。もっとも、この節の最後の23条は、14条から22条までとは性格が異なり、法定債権についての規定ではなく、「債権の譲渡の債務者その他の第三者に対する効力」について規定しているものです。

　第5節「親族」(24条から35条) は、第Ⅱ章であげた24条のような婚姻関係についての24条から27条、親子関係についての28条から32条のほかに、その他の親族関係等についての33条、親族関係についての法律行為の方式についての34条、後見についての35条が置かれています。

　第6節「相続」(36条および37条) には、第Ⅱ章で検討した「相続」についての36条、「遺言の成立及び効力」についての37条が置かれています。

　こういった通則法上の単位法律関係のほかに、「遺言の方式」については「遺言の方式の準拠法に関する法律」が、「親族関係から生ずる扶養の義務」については「扶養義務の準拠法に関する法律」が、それぞれ規定しています。

●単位法律関係の分類　　さて、以上では、通則法などの規定に従って、それぞれの規定が対象としている法分野を順番に確認してきました。

第Ⅲ章　どの規定を使いましょうか？

しかし、単位法律関係について検討していく際、そこで対象としている法分野を順にあげていくだけでは、「ツッコミ不足」です。

思い出してください。単位法律関係とは何でしたか？ そう、「国際私法が準拠法を指定する際に単位とした法律関係」でしたね。「こういう範囲の問題については、準拠法を決定するのに同じ基準（連結点）によるべきだ」と考えられた、その範囲が単位法律関係だったわけです。

とすると、単に法分野の順に規定を列挙するのではなく、どのような範囲で「同じ連結点による」ことにしたか、それぞれの単位法律関係の「切り取り方」をみていくことが重要である、ということになります。

そのような観点から、ここでは単位法律関係の分類を試みてみましょう。さまざまな単位法律関係をその切り取り方により分類してみることは、「あちらの法分野での議論をこちらの法分野での議論に活かせないか」といった点について検討をする際にも役立つものです。

【①二当事者間の関係に関するもの】

通則法の掲げる単位法律関係の多くは、2つの法主体間の法律関係に関するものです。

具体的には、14条から16条の「事務管理又は不当利得」、17条から22条の「不法行為」といった財産法上のもの、24条から27条の「婚姻」、28条から32条の「親子」といった家族法上のものは、いずれも二当事者間の法律関係の成立および効力に関する規定と

いうことができます。また、7条から12条の「法律行為」は二当事者間の関係のみを指す概念ではありませんが、主に契約を意味するということで、ここに入れてもかまわないでしょう。33条、34条も親族法上の二当事者間の関係に関する規定です。

　二当事者間の法律関係に関する単位法律関係のうち、「婚姻」と「親子」については、「成立」つまり2人の間に婚姻関係（または法的親子関係）が成立したか否かの問題（24条および28条以下）と、「効力」つまり婚姻関係（または法的親子関係）にあることから2人の間にどのような内容の権利義務が存在するかといった問題（25条以下および32条）とを、別個の独立した単位法律関係として規定を置いています。つまり、婚姻と親子については、成立の問題と効力の問題とについて異なる連結点が規定されているのです。

　ある法律関係の「成立」の問題と「効力」の問題とを別個独立の単位法律関係とすると、ある単位法律関係について、その「成立」についてはA国法により判断し、「効力」についてはB国法により判断する、といった事態が生じうることになります。その場合、A国法上成立が認められた法律関係（あるいは権利）がB国法には存在しないなどということがあると困ってしまいます。しかし、「婚姻」や「親子」といった法制度は、世界各国に広くみられるもので、そういう心配はしなくてもよさそうです。そこで、婚姻と親子については、ほかのさまざまな考慮から、異なる連結点によって準拠法を決定すべきであると判断され、その成立と効力とが別個独立の単位法律関係として規定されたのです。

他方、「法律行為」「事務管理又は不当利得」「不法行為」については、成立と効力とにつき同一の連結点が採用されています。これらの問題については、成立と効力とを分けて考えることはできない、あるいは同一の連結点によって準拠法を決定すべきであると判断されたためです。たとえば、法律行為である契約については、その契約の内容を離れて、抽象的に「契約が成立したか」を問題にすることにあまり意味はありません。また、「そもそも不法行為が成立したか」という問題と「成立した不法行為によっていかなる効力が発生するか（どの程度の損害賠償がなされるか等）」という問題とは、やはり別個独立には判断できないものであり、同一の連結点によって準拠法を決定すべきであると考えられます。

　ここで、法律を真面目に勉強してきた方に向けて、「成立」と「効力」の区別について補足しておきたいと思います。民法総則では、意思表示の瑕疵（たとえば民法95条の錯誤）などの「有効か無効か」「取り消しうるものか否か」といった問題が法律行為の「効力」の問題として論じられていることもあると思います。すると婚姻についても、婚姻の際の「人違い」など「婚姻が有効か無効か」といった問題を「婚姻の効力」の問題と考えてしまうかもしれません。しかし、国際私法においては「成立」とは「そのような関係が成立したか」の問題で、「効力」とは「そのような関係が成立したことから具体的にどのような権利義務関係が生じるか」という問題と理解されています。したがって、「こういう婚姻は完全に有効なものか、取り消しうるものか、無効なもの

か」といった問題は、婚姻の「成立」の問題と考えられているのです。

　法律行為については、成立要件の一部である「**方式**」が、独立した単位法律関係とされています（10条）。この規定は、一般的な契約等についてのものですが、二当事者の意思によって法律関係を変動させるという制度は、財産法上の契約のみならず、親族法上の問題についてもとられています。そして、婚姻（24条2項・3項）や、それ以外の親族関係についての法律行為（34条）に関しても、通則法はやはり「方式」を別個独立の単位法律関係としているのです。

　ここで、「方式」とは、当事者の意思にもとづいて法律関係が形成される場合に（つまり、広い意味での法律行為について）問題となるものです。法律行為においては、当事者がその意思を一定の方法で表現することが必要とされる場合があります。たとえば日本法では、2人が「結婚したい」と思った場合、その意思を「婚姻届」という形で表現してはじめて、その成立が認められます（民法739条）。また、保証契約については、その合意は書面でなされることが必要とされます（民法446条2項）。同様に、任意後見契約については一定の様式の公正証書が作成されてはじめてその成立が認められるのです（任意後見契約に関する法律3条）。方式とは、法律行為の成立要件のうち、このような「意思表示の外部的表現方法」あるいは「形式的成立要件」のことなのです。これに対して、方式以外の成立要件は、「**実質的成立要件**」と呼ばれます。

以上を整理すると、以下のようになるでしょう。

【②権利の客体に関するもの】

　通則法には、権利の内容や権利の帰属についての規定も存在します。そういった規定をここでは仮に、権利の客体に関する規定と呼ぶことにします。物権等についての13条がその代表的なものです。「動産又は不動産に関する物権及びその他の登記をすべき権利」についての13条1項は第Ⅱ章で紹介しましたね（20頁）。

　先に①で、二当事者間の関係について準拠法を定める多くの規定を紹介しました。しかし、ある権利を誰が有しているか、その権利の内容はどのようなものか、といった問題は、二当事者間の関係として考えることはできません。たとえば、みなさんが今読んでいるこの本の所有権について、二当事者間の関係として考えてしまいますと、それぞれの関係ごとに準拠法が異なる可能性がありますから、「自分とAさんとの間では自分が所有権者であるが、自分とBさんとの間ではBさんが所有権者である」などということが生じうることになってしまいます。しかしそれでは、結局のところ誰がこの本の所有権者かという問題に答えたことにはならないのです。

　そこで、このような権利の内容や権利の帰属といった権利の客

体については、二当事者間の問題とは切り離して、それとは独立した単位法律関係とすべきことになります。

以上、権利の客体についての規定として、物権等についての13条をあげました。しかし、財産的な価値があって取引の対象となり、その権利の帰属や内容が問題となるのは、物権等だけではありません。たとえば、債権（ある人＝債権者が、別の人＝債務者に対して、金銭の支払いといった一定の行為を請求できる権利のことです）も現実に取引の対象とされており、債権についても、権利の客体の準拠法が問題となることがあります。

物権と債権とがそれぞれ取引の対象となる場合を並べてみましょう。

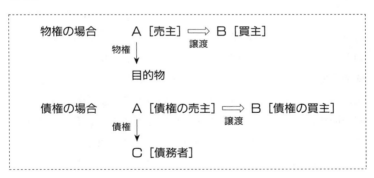

通則法は、「債権」という権利一般についてではなく、その取引形態である債権譲渡について23条で規定しています。

> 23条　債権の譲渡の債務者その他の第三者に対する効力は、譲渡に係る債権について適用すべき法による。

同条の単位法律関係は「債権の譲渡の債務者その他の第三者に対する効力」です。債権が売買された場合、物権の場合と同様に、その売買契約の当事者（上でいえばＡＢ）間の関係が問題となります。これは二当事者間の関係です。しかし他方、そもそも「この債権は誰のもの」なのかについては、物権の場合と同じく、二当事者間の関係の準拠法によって決定すべきではありません。「結局のところ誰が債権者なのか」がはっきりしないと、たとえば債務者（上のＣ）は誰に弁済してよいのかわかりませんし、その債権を手に入れたい人は、誰から買ったらよいのかがわからないからです。そのような意味での債権の帰属の問題が、23条が適用される典型的な場合です。

　さらに、通則法には規定はありませんが、近年重要性が増しており、またその権利の帰属などがしばしば国際的に問題となる権利として、知的財産権があります。ただし、知的財産権には、物権や債権とは異なる特徴があります。それは、知的財産権は各国法において独立した権利とされるという点です。物権であれば、同一の物について「Ａ国法上の所有権はＸさんに、Ｂ国法上の所有権はＹさんに帰属する」ということは考えられません。これに対し、知的財産権については、たとえば同一の発明について、「Ａ国法上の特許権はＸさんに、Ｂ国法上の特許権はＹさんに帰属する」ということがありうるというわけです。知的財産権は、各国法によってそれぞれ与えられ認められるもので、このように考えられているのです。

　なお、ある具体的な法的問題を、①で述べた「二当事者間の関

係」に含まれる問題と、②で述べた「権利の客体」に含まれる問題とのいずれと考えるか、といった点が問題となることがあります。

【③権利の主体に関するもの】

通則法は、権利の主体である自然人についての規定も置いています。第3章第1節に置かれている4条から6条のほか、後見等に関する35条も権利の主体についての規定といえるでしょう。

自然人と並んで、「法人」も権利の主体として各国法で広く認められています。法人については、自然人と同様の問題のほかに、その内部における利害関係者相互の関係についてのさまざまな問題も生じます。法人についての規定は通則法には置かれていませんが、一般に、「法人についてはその設立準拠法による」と考えられています。

さて、これらは権利の主体に関わる問題について準拠法を定めるルールですが、それによるべきか、それとも①や②で述べた問題と考えるべきか、判断に迷うこともあります。「ある権利の主体が、ある二当事者間の関係を形成することができるか」「ある『権利の主体』が、『ある権利』の主体となりうるか」（……あれ、日本語が変？）という問題は、権利の主体の問題であると同時に、二当事者間の関係や権利の客体の問題でもあるからです。たとえば、「ある自然人が婚姻することができるか」は権利の主体の問題ともいえますし、婚姻という二当事者関係の成立の問題ともいえます。「ある法人が著作権の主体となりうるか」は、法人という権利の主体の問題ともいえますし、著作権という権利の客体の

問題ということもできるでしょう。このように、権利の主体に関する規定によるべき問題と、ほかの単位法律関係に含めるべき問題との線引きもさまざまな場面で問題となります。
【④多数当事者間の関係に関するもの・その他】
　以上、さまざまな単位法律関係を「二当事者間の関係に関するもの」「権利の客体に関するもの」そして「権利の主体に関するもの」に分けて列挙してきました。しかし、以上の3分類のいずれにあてはまるともいいがたいものもあります。
　たとえば、「相続」という単位法律関係があります（36条）。相続とは、自然人の死亡という、ある権利の主体の消滅にともなって、その者が有していた権利が相続人に移転する制度です。このような相続制度を、権利の主体の消滅・交替と考えると「権利の主体に関する」単位法律関係と理解することができます。これに対し、被相続人の死亡を原因とする相続人による財産権の取得と考えると「権利の客体に関するもの」と理解することもできます。
　しかしここでは、相続という制度をそのいずれでもなく、被相続人という単一の法主体をめぐって、あるいはその有する財産をめぐって、複数の相続人が争う状況についての制度、というふうに理解してみたいと思います。そして、そのような紛争については、その中心にいる者に着目して連結点を定めることで、複数の者をめぐる紛争を、関係者全員が予想しうる基準により統一的に解決することが可能となります。相続について、被相続人の国籍が連結点とされた（36条）ことは、そのような趣旨と理解できると考えられます。

相続と同じように、単一の法主体について多数の当事者が関与する状況にある制度として、「扶養義務の準拠法に関する法律」が規定している「扶養」をあげることができるでしょう。扶養においては、生活に困窮している「扶養権利者」の周囲にいる複数の者のうち誰がどの程度の扶養義務を負うのかが問題となります。そこで、扶養義務の準拠法に関する法律2条は、扶養について扶養権利者の常居所地法によるとしています。ちなみに、「常居所」については、第Ⅴ章でとりあげます（100頁以下参照）が、とりあえずは「住所みたいなもの」と考えていただければ十分です。

　さて、多数当事者間の関係に関する単位法律関係としては、単一の法主体とその周辺にいる複数の法主体との関係という問題のほか、二当事者間の関係が第三者に影響するという問題もあります。

　たとえば、「代理」といわれる問題があります。代理とは、典型的には、「本人」との関係で代理権を有している「代理人」が「第三者」との間で締結した契約等の効果が本人に帰属するという制度です。「代理人」と「本人」との関係は二当事者間の関係ですが、「代理人」と「第三者」との間の合意の効果が「本人」に帰属する、という点は、二当事者間の関係として説明することはできません（次頁の図を参照）。

　また、日本法上の「債権者代位権」や「詐害行為取消権」といった、債権者が債務者以外の第三者に対して一定の権利を主張できるという制度についても、同様の場面であると考えることができます。

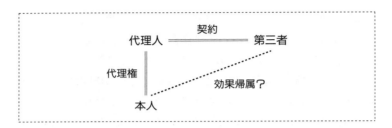

このような、二当事者間の関係が第三者に影響するといった場面については、通則法は明文の規定を置いていません。これらはさまざまな解釈論が主張されている難易度の高い問題でして、この本では扱うことはできません。

● 「手続」という単位法律関係

以上、通則法に規定があるものを中心に、さまざまな単位法律関係について紹介しました。最後に、「**手続問題**」について紹介しようと思います。

国際民事紛争を日本の裁判所で解決する場合に、準拠法として外国法が適用されることがあるのは、これまで繰り返し説明してきたところです。

ただ、外国法を適用する場合であっても、日本で裁判をする場合には、裁判手続は日本法に従って進められます。

たとえば、契約準拠法がイングランド法で、英文の契約書の解釈が問題となったとしても、日本の裁判手続は日本語で進行します。不法行為に基づく損害賠償請求の訴えについて準拠法がカリフォルニア州法とされたとしても、日本においては陪審による判断はなされません。

このように、裁判手続の進め方はその裁判所が属する国の法に

よる、との原則は、多くの国で認められています。このような原則を「**手続は法廷地法による**」といいます。法廷地とは、裁判所の所在地という意味です。

「手続は法廷地法による」ということから、ある法的問題について準拠法を考える場合には、その前提として、その法的問題がそもそも「法廷地法によるべき手続問題」にあたるか否かを検討すべきことになります。その法的問題が手続問題にあたるのであれば、それについては法廷地法、つまり日本であれば日本法が適用されることになります。その法的問題が手続問題にはあたらないということになると、はじめて、それについて国際私法によって準拠法を定めるべきことになるというわけです。

「手続」の反対語は「実体」です。実体問題とは、権利義務の成立やその内容に関わる問題です。

```
┌─手続──法廷地法………日本であれば、すなわち日本法
└─実体──準拠法…………国際私法によって外国法が指定される
                      こともある
```

2　性質決定

●作業の内容　　以上、*1*でみたように、日本の国際私法では、さまざまな単位法律関係ごとに、それにふさわしい連結点が規定されていて、その連結点によって準拠法を決定するものとされています。

すると、ある国際民事紛争の解決のために準拠法を決定する場合には、まず最初に、そこで問題となっている具体的な法的問題が、いかなる単位法律関係に含まれるものなのかを判断すべきことになります。通則法などに置かれているさまざまな準拠法選択規則のうち、どの規定を用いて準拠法を決定すべきかをまず決めて、その後に、その規定に従って準拠法を決定する、というわけです。

　このような、具体的な法的問題がいずれの単位法律関係に含まれるかを決定する作業を、ある法的問題の「性質」を「決定」する作業ということで、**性質決定**と呼ぶ、ということは、第Ⅱ章で簡単に説明したとおりです。

　性質決定とは、具体的な法的問題を、複数存在する単位法律関係に分類する作業である、ということもできるでしょう。色の分類にたとえて説明してみましょう。

　世の中に、白、黄色、朱色、赤、水色、青、紫、黄緑、緑、黄土色、茶、黒の12色があるとします。世の中のありとあらゆる物のもつさまざまな色を、この12色に分類するということを考えてみてください。「このポストの色は赤」「『進め』の信号は緑」など、人工的な色の分類はたやすいかもしれませんが、「桜の花の色」あたりになると、なかなか迷いそうです。色をもう少し増やしてみると、分類はもう少し楽になるかもしれませんが、どんなに色を増やしても、色と色との境界線で判断に迷うことは避けられないでしょう。世の中に無限にありうるものを有限のカテゴリーに分類しようとすると、その境界線で判断に迷うことはどうし

ても生じてしまうと思います。

　このように、世の中に存在するありとあらゆる民事紛争について、通則法などが規定している単位法律関係のいずれにあてはまるかを判断していく作業が性質決定です。

　さて、さまざまな法的問題の「性質」を「決定」する作業である性質決定は、単位法律関係の側からみると、それぞれの単位法律関係を表す概念の意味内容を確定する作業であるということができます。たとえば、ある法的問題について、これは通則法36条の「相続」という単位法律関係に含まれると性質決定するということは、単位法律関係の側からみると、通則法36条の「相続」という概念は、この法的問題を含むものであると判断するということだからです。「色分け」のたとえでいえば、世の中のさまざまな色を12色に分類する作業は、それぞれの物の色を決める作業であると同時に、12色がそれぞれどの範囲の色までを意味しているのかを確定する作業である、というわけです。具体的なひとつひとつの色について、「この色は『赤』に入る」「この色は『赤』に入らない」と判断していくことは、「赤」という色がどのような色なのかを確定することでもあるというわけです。

　このように考えてみると、性質決定とは、結局のところ、**各単位法律関係の概念の意味内容を確定する作業**にほかならないということもできるでしょう。つまり、性質決定においては、各準拠法選択規則が用いている単位法律関係を表す概念をどのようなものと解釈するかが問題となるのです。

性質決定 ＝ 法的問題の「性質」を「決定」する作業
　　　　 ＝ 単位法律関係の概念を確定する作業

●**単位法律関係の「重なり」**　　性質決定については、1つの法的問題を2つの単位法律関係の双方に含まれると考えること、すなわち2つの単位法律関係に同時に性質決定することの可否・是非が議論されることもあります。色の分類作業にたとえていえば、ある物（たとえば桜）の色を「赤でもあり白でもある」というように、2つの色の双方にあてはまる、ということができるか、という問題です。

しかし、性質決定においてはそのようなことはすべきではない、と考えられています。

単位法律関係には、それぞれ連結点が定められています。性質決定によって1つの法的問題を2つの単位法律関係に同時に性質決定してしまうと、それぞれの単位法律関係について規定されている連結点、そしてそれぞれの連結点によって指定される準拠法が2つ存在することになります（ここでは、1つの単位法律関係について1つの連結点が定められているという、もっとも単純な場合を前提とします）。すると、そのような法的問題については、2つの準拠法を同時に適用することになるのです。「2つの準拠法を同時に適用する」というやり方は、もともと問題となった2つの単位法律関係のいずれにおいても認められていなかった新たなやり方ですから、つまりこれは、新しい準拠法選択規則を創設するこ

とを意味します。

　このように考えていきますと、ある法的問題を2つの単位法律関係の双方に含まれるものとすることは、結局、2つの準拠法が同時に適用されるような新たな準拠法選択規則を作り出し、その法的問題は、その新しい準拠法選択規則上の新しい単位法律関係に該当すると判断したということになります。「赤でもあり白でもある」問題の存在を認めることは、ピンク色のような両者の中間色という新たな色カテゴリーを認めることにほかならない、というわけです。

　一般的には、明文の規定がない問題について「○○という単位法律関係については、△△という連結点によって準拠法を決定すべきだ」と主張しても、かなりの根拠と説得力とを示せない限りは、「単なる立法論だねぇ。そういう立法が望ましいということはできても、現行法の解釈として主張するのは無理があるんじゃないかな？」といわれてしまうでしょう。これに対して、ここで述べたような、「この法的問題は、明文の規定が存在する2つの単位法律関係のいずれにも含まれると考えるべきだ」いう主張は、比較的安易に行ってしまうかもしれません。しかし、ある法的問題を2つの単位法律関係のいずれにも含まれるとする主張も、同様にかなりの根拠と説得力を示せない限りは、「単なる立法論」と評価されてもやむをえないと思われます。

●**性質決定の判断基準**　さて次に、以上で説明した性質決定は、具体的にはどのような基準により行われるべきかを考えてみましょう。

先に述べたように、性質決定とは、準拠法選択規則の解釈問題です。したがって、民法や商法といった実質法の解釈と同様に、「このように行うのが絶対に正しいのだ」と断言できるものではありません。ただ、性質決定については、実質法の解釈の場合と異なって、1つ注意すべき点があるとされます。それは、

性質決定は特定の実質法に依拠して行ってはならない

という点です。

　性質決定は、準拠法決定過程の最初に行う作業です。性質決定から始まる一連の作業を終了してはじめて準拠法が明らかになります。第II章で述べたたとえ話（29頁）でいえば、使用するロッカーが決まってはじめて中から法規範（実質法）が書かれた書類を取り出すことができる、というわけです。

　したがって、性質決定の段階で、特定の実質法に依拠することはできません。単位法律関係の概念は、特定の実質法を前提としない概念として解釈すべきこととなります。

　このことは、日本の（より抽象的には法廷地の）実質法との関係でも同じです。国際私法で用いられている単位法律関係の概念を、法廷地の実質法に従って解釈すべきではありません。国際私法の前では、各国の実質法は法廷地法も含めて平等な存在であるという「内外国法の平等」の原則を思い出してください。法廷地法もたくさんあるロッカーの1つに入っているだけの存在であり、特別の地位にあるわけではないのです。

　以上のことを示すものとして、教科書には「性質決定について

は**国際私法独自説**が妥当である」などと書かれることがあります。つまり、性質決定の判断基準については「法廷地実質法説」「準拠実質法説」「国際私法独自説」があり、最後のものが妥当である、というわけです。

●**性質決定の具体例**　性質決定について「国際私法独自説が妥当である」というだけでは、具体的な性質決定作業をどのように行うべきかの指針にはなりません。国際私法独自説は、「特定の実質法に依拠してはならない」ということを示すだけで、具体的な基準を提示してはいないからです。

　この点について、実際の例をあげて考えてみましょう。

　性質決定が問題となる代表的な例として、離婚の際の親権者・監護権者の決定の問題があります。日本では、離婚の際に、親権者および監護権者を定める必要があるとされています。子どものいる夫婦が離婚する際には必ず、子どもの親権者・監護権者について両当事者による合意または裁判所による判断がなされるのです。しかし、このような離婚の際の親権者等の決定の問題、たとえば離婚後の共同親権の可否や、単独親権者を決定する場合の判断基準などについても各国法の考え方は分かれています。したがって、この点については準拠法がいずれの法とされるかによって結論が異なってくる可能性があります。そこで、この「離婚の際の親権者・監護権者の決定の問題」について準拠法を決定すべきことになり、その出発点として、この問題が通則法の規定するいずれの単位法律関係に含まれるのかという性質決定の問題について検討すべきことになります。

第Ⅲ章　どの規定を使いましょうか？　55

通則法の規定を順にみていくと、関連しそうな単位法律関係が2つあることに気づきます。1つが通則法27条の「離婚」、もう1つが32条の「親子間の法律関係」です。

> 27条　第25条の規定は、離婚について準用する。ただし、夫婦の一方が日本に常居所を有する日本人であるときは、離婚は、日本法による。
> (25条　婚姻の効力は、夫婦の本国法が同一であるときはその法により、その法がない場合において夫婦の常居所地法が同一であるときはその法により、そのいずれの法もないときは夫婦に最も密接な関係がある地の法による。)
> 32条　親子間の法律関係は、子の本国法が父又は母の本国法(……)と同一である場合には子の本国法により、その他の場合には子の常居所地法による。

それでは、この「離婚の際の親権者・監護権者の決定」の問題は、通則法27条の「離婚」、32条の「親子間の法律関係」のいずれと性質決定すべきでしょうか。

性質決定については「国際私法独自説」が妥当であると説明しましたが、仮にこの点を「法廷地実質法説」に従って、つまり日本の実質法に従って考えるとどうなるかをまずみてみましょう。日本の民法では、そもそも「離婚の際の親権者・監護権者の決定の問題は『離婚の問題』なのか『親子間の法律関係』の問題なのか」といった問題意識あるいは発想自体がないと考えられます。しいていえば、離婚の際の「子の監護をすべき者」の決定の問題

は、それに関する規定（民法766条および771条）が「離婚」についての節（第4編第2章第4節）に置かれていることから「離婚」と性質決定し、他方、離婚の際の「親権者」の決定の問題は、それに関する規定（民法819条）が「親権」についての節（第4編第4章第1節）に置かれていることから「親子間の法律関係」と性質決定する、ということになるでしょうか。しかし、関連条文の置かれている場所が、国際私法上の性質決定の根拠となるとは考えがたいですし、親権者の決定と監護権者の決定とで異なる性質決定をするというのも理由に乏しいと考えられます。

このように、法廷地実質法説にはよるべきではないとすると、国際私法独自に考えていくことになります（国際私法独自説）。しかし、具体的にはどのように判断することになるのでしょうか。

この点について、東京地判平成2・11・28（判時1384号71頁・判タ759号250頁）は次のように述べています。なお、この判決は通則法ではなく法例を適用していますが、関係する条文の内容は通則法と同一です。

> 離婚の際の親権の帰属については、法例は、離婚の準拠法（……）と親子関係の準拠法（……）のいずれによるべきかにつき、明言していないが、離婚の際の親権の帰属問題は、子の福祉を基準にして判断すべき問題であるから、法例21条［現在の通則法32条］の対象とされている親権の帰属・行使、親権の内容等とその判断基準を同じくするというべきである。してみれば、離婚の際の親権の帰属については、法例21条が適用されることとなる。

このように、同判決は、離婚の際の親権の帰属について、離婚準拠法ではなく、親子関係の準拠法によっています。この判決をヒントに、性質決定の際の具体的な考慮要素を考えてみましょう。以下では、現在の条文に沿って説明します。

　第1に、この判決は、この問題に通則法32条を適用すべき理由として、「子の福祉を基準にして判断すべき問題である」ことを理由としてあげています。では、「子の福祉を基準にして判断すべき問題」であることが、なぜ通則法32条によるべきことの理由となるのでしょうか。それは、通則法32条が「子」に着目して連結点を定めていることと関連していると思われます。

　すなわち、親子間の法律関係についての通則法32条は、子の国籍または常居所に着目して準拠法を定めています。他方、離婚についての通則法27条が準用する25条は、夫婦の国籍、常居所または最密接関係地に着目して準拠法を定めています。するとこの問題を「離婚」と性質決定して通則法27条によって準拠法を決定するものとすると、子の国籍や常居所など子に関わる要素は一切無視されて準拠法が定められることになるわけです。

　もちろん、離婚の際の親権者指定について子どもの利益がどの程度考慮されるかは、準拠法とされた法（準拠実質法）の内容次第で決まる事柄です。この問題を通則法27条の「離婚」と性質決定したとしても、それによって指定された準拠法によって子どもの利益が最大限考慮されることも十分に考えられます。反対に、この問題を通則法32条の「親子間の法律関係」と性質決定したとしても、それによって指定された準拠法上、子どもの利益や具体

的事情が無視され、一律に父親（あるいは母親）が親権者とされることもあるでしょう。

しかし準拠実質法の内容以前の問題として、国際私法上の準拠法選択の問題について「子の福祉を基準」とすべきであるとすれば、子に着目した連結点が定められているような準拠法選択規則により準拠法を定める方が望ましいということができるでしょう。

より一般的にいえば、ある法的問題について、ある単位法律関係に含まれると性質決定を行う際には、**当該準拠法選択規則の定める連結点に着目**し、当該法的問題の準拠法を定めるのに「より適切な連結点」を定めている準拠法選択規則によるものと性質決定すべきである、ということになると思われます。

第2に、この判決は、離婚の際の親権の帰属の問題は、通則法32条の対象とされている親権の帰属・行使、親権の内容等とその判断基準を同じくするというべきであることを指摘しています。判決は、この点を「子の福祉を基準にして判断すべき問題であるから」に続けて述べていますが、この点を独立の要素としてとらえることも可能だと考えられます。

つまり、一般に、親権の帰属・行使、親権の内容といった問題は、通則法32条の「親子間の法律関係」に含まれる代表的な問題と考えられています。婚姻中の夫婦間の子についての親権の帰属といった問題や、離婚後に改めて両親の間で親権者の変更が問題となった場合について通則法32条によることは、異論のないところでしょう。

これに対して、離婚の際の親権者指定の問題を通則法27条の

「離婚」と性質決定し、離婚準拠法によるとしてしまいますと、その前後の時期における準拠法選択とは異なる結論が導かれてしまう可能性が高まります。大ざっぱな説明ですが、たとえば、国際結婚をし子どもをもうけたある夫婦について、通則法32条によって指定される法がA国法、27条によって指定される法がB国法であるとします。離婚の際の親権者指定の問題を通則法32条の「親子間の法律関係」と性質決定すれば、婚姻中の夫婦間の子についての親権の帰属についても、離婚の際の親権者指定についても、その後の親権者の変更についても、いずれもA国法によることになります。これに対して、離婚の際の親権者指定の問題を通則法27条の「離婚」と性質決定すると、婚姻中の夫婦間の子についての親権の帰属についてはA国法、離婚の際の親権者指定はB国法、その後の親権者の変更はA国法による、ということになってしまいます。それでは、ある特定の子についての親権者の決定という同一の問題について、それが「離婚の際に」生じた場合にのみ、準拠法を決定する基準が異なるものとなってしまいます。それが望ましいこととは考えられません。

つまりここでは、「離婚とは無関係に問題となる場合には、親権者の決定の問題は通則法32条の『親子間の法律関係』と性質決定される」ことを前提に、そしてそれを根拠として、「それと同一のやり方で準拠法を決定すべきである離婚の際の親権者の決定の問題も通則法32条の『親子間の法律関係』と性質決定すべきである」というわけです。

より一般的にいえば、ある準拠法選択規則上の単位法律関係に

含まれることが明らかな法的問題と**同一の基準によって準拠法を定めるべきもの**については、同一の単位法律関係に含まれるものと性質決定すべきだ、ということになるでしょうか。

　以上、離婚の際の親権者指定を例に、国際私法上の性質決定について考慮する要素として、「準拠法選択規則の連結点に着目する」「同一の単位法律関係に含まれることが明らかなほかの問題との関係に着目する」という2点をあげてみました。もっとも、このような点に着目することは、国際私法に限らず、法の解釈において一般的に行っていることだと思います。前者は規定の法律効果に着目するということですし、後者は類似の事案とのバランスを問題にするものといえるからです。

　このように、国際私法上の性質決定において用いられる手法や考え方は、一般的な法解釈において用いられるそれと、大きく異なるものではありません。その意味で、**性質決定とは準拠法選択規則の解釈の問題にほかならない**といえるでしょう。

　ただし、ということで最後にもう一度、性質決定の際に特定の実質法に依拠してはならないということは改めて強調しておきたいと思います。

------- この章のポイント -------

☑通則法には、①二当事者間の関係に関するもの、②権利の客体に関するもの、③権利の主体に関するもの、④多数当

事者間の関係に関するもの・その他、といったさまざまな単位法律関係が規定されています。

☑二当事者間の関係の準拠法については、婚姻や親子については「成立」と「効力」とが別個独立の単位法律関係とされていること、また、法律行為についてはその成立要件の一部である「方式」が別個独立の単位法律関係とされていることが注目されます。

☑性質決定とは、問題となった法的問題の性質を決定する作業ですが、それは結局、各準拠法選択規則が用いている単位法律関係を表す概念の解釈問題ということになります。

☑性質決定の際に問題となる「単位法律関係の概念の解釈」は、実質法の解釈と類似のものですが、「特定の実質法に依拠して判断してはならない」という点で決定的に異なります。

第Ⅳ章　目的地への行き方
──連結点のお話その1──

　第Ⅲ章で、準拠法選択の最初の大きな分岐点「性質決定」を終えました。性質決定によって、その法的問題が、どの単位法律関係に含まれるのかを判断したのですから、どの準拠法選択規則を使って準拠法を決めるのかはわかった、ということになります。

　すると、準拠法選択のために次にすべき作業は、その準拠法選択規則に規定されている連結点をみることということになります。この連結点については、第Ⅳ章と第Ⅴ章という2つの章を使って説明したいと思います。連結点が「ここ」と決まれば、それによってほぼ準拠法が決定しますから、少し慎重に検討しよう、というわけです。

　準拠法を求めて旅に出かけたあなたは第Ⅲ章で、電車に乗りました。連結点は、この電車からどの駅で降りるかという問題にたとえることができるでしょう。

　もっとも、準拠法選択の旅は、普通の旅と比べると、少しだけ複雑なところがあります。たとえば、普通の旅であれば電車から降りる駅は1つですが、準拠法選択の旅では、「2つの駅で降りてください」などといわれることもあるのです。

　この章では、連結点について概観してから、複数の連結点を用いた連結方法について説明することにいたしましょう。

1 さまざまな連結点

第Ⅲ章で検討した性質決定により、当該法的問題について準拠法を決定する際に用いるべき準拠法選択規則が決まりました。ですから、その規定の定めている連結点に従って準拠法を選択すればよいことになります。

それではまず、わが国の準拠法選択規則の定めている連結点にどのようなものがあるか、第Ⅲ章で試みた単位法律関係の分類に沿って概観しましょう。

●**二当事者間の関係に関するもの** 二当事者間の関係に関する単位法律関係については、その二当事者間の関係を規律するのにふさわしい準拠法を選択できるように連結点が定められています。

たとえば、法律行為についての通則法7条は、主に契約準拠法の決定に用いられますが、次のように規定しています。

> 7条　法律行為の成立及び効力は、当事者が当該法律行為の当時に選択した地の法による。

同条が「当事者が当該法律行為の当時に選択した地」を連結点としたのは、何よりも当事者の予測可能性を重視したためです。契約準拠法を事前に確定することができれば、契約当事者はそれを前提に、当事者間の権利義務の内容を詳細に定めることができます。それは当事者にとってとても重要なことなのです。

また、不法行為については、被害者保護に重点をおきつつ、被害者と加害者とのバランスに考慮して連結点が定められています。不法行為の原則的準拠法を定める通則法17条については、*2*の場合分けのところ（68頁以下）で説明しましょう。
　婚姻や親子については、成立と効力とは別個独立の単位法律関係とされ、それぞれについて異なる連結点が採用されています。このうち、婚姻の実質的成立要件については、24条1項が、両当事者を平等に扱いつつそれぞれの本国法によるとしています。詳しくは、*2*の配分的連結のところ（82頁以下）で説明します。

24条①　婚姻の成立は、各当事者につき、その本国法による。

　これに対し、婚姻の効力すなわち夫婦間の権利義務関係については、各当事者について独立して考えることはできませんので、夫婦に共通の要素に着目しています。詳しくは、*2*の段階的連結のところ（69頁以下）で説明しましょう。
　親子については、その実質的成立要件については、主に親の本国法によっています。一例として、非嫡出親子関係の成立についての29条1項前段をあげておきましょう。

29条①　嫡出でない子の親子関係の成立は、父との間の親子関係については子の出生の当時における父の本国法により、母との間の親子関係についてはその当時における母の本国法による。

　これに対し、法的親子関係が成立した場合の効力、すなわち親

子間の法律関係については、子に着目して準拠法を定めています（56頁以下も参照）。これについても、**2**の段階的連結のところ（69頁以下）で説明しましょう。

●**権利の客体に関するもの**　権利の客体に関する単位法律関係については、その客体または権利そのものに着目して連結点が定められています。そのため、物権等については目的物所在地が連結点とされましたし（通則法13条）、債権譲渡に関してはその対象である債権について適用すべき法、つまりその債権の準拠法によるとされたのです（23条）。ちなみに、債権の準拠法とは、その発生の根拠となった法律関係の準拠法ということになります。したがって、たとえば金銭消費貸借契約に基づいて成立した債権の準拠法は、その金銭消費貸借契約の準拠法ということになります。

> 13条①　動産又は不動産に関する物権及びその他の登記をすべき権利は、その目的物の所在地法による。
> ②　前項の規定にかかわらず、同項に規定する権利の得喪は、その原因となる事実が完成した当時におけるその目的物の所在地法による。
> 23条　債権の譲渡の債務者その他の第三者に対する効力は、譲渡に係る債権について適用すべき法による。

●**権利の主体に関するもの**　権利の主体に関する単位法律関係について、通則法は自然人に関して規定を置いています。そこでは、主にその自然人の本国法によ

るとされています（通則法4条1項、35条1項）。

> 4条① 人の行為能力は、その本国法によって定める。
> 35条① 後見、保佐又は補助（以下「後見等」と総称する。）は、被後見人、被保佐人又は被補助人（次項において「被後見人等」と総称する。）の本国法による。

●**多数当事者間の関係に関するもの・その他**　ここに分類される単位法律関係にはさまざまなものがありますが、明文の規定が置かれているのは、単一の法主体をめぐって、複数の法主体が争うような状況についてです。そのような場合には、争いの中心にいる単一の法主体に着目して連結点が定められています。第Ⅲ章でも言及した条文をここで掲げておきましょう。

> 通則法36条　相続は、被相続人の本国法による。
> 扶養義務の準拠法に関する法律2条①　扶養義務は、扶養権利者の常居所地法によつて定める。（後略）

ちなみに、第Ⅲ章でも簡単にふれたとおり、「常居所」とは住所のようなものです。詳しくは、第Ⅴ章で検討します（100頁以下参照）。

2　複雑な連結方法

以上にあげた規定では、1つの単位法律関係について1つの連結点を定めるという**単純な連結方法**がとられていました（「連結方法」とは、連結点による準拠法の決め方、という程度の意味と理解し

てください)。しかし、日本の国際私法には、1つの単位法律関係について複数の連結点をあげている、あるいは複数の連結点をあげているようにもみえる、もう少し **複雑な連結方法** を採用している規定もあります。

単純な連結方法においては、その単位法律関係に含まれる法的問題の解決は、単一の準拠法に委ねられることになります。しかし、複雑な連結方法が採用される場合には、必ずしもそうではありません。それぞれの連結方法には、それぞれの趣旨あるいは含意があるのです。

そこで、複雑な連結方法あるいは複雑にみえる連結方法として、日本の国際私法にはどのようなものが存在するか、順番に紹介してみたいと思います。

●**場合分け** 1つの単位法律関係について複数の連結点に言及している規定の中には、場合分けがされており、それぞれの場合ごとに1つの連結点が置かれているにすぎないものもあります。

たとえば、このような場合分けは、「原則と例外」という形で規定されています。不法行為についての通則法17条をみてみましょう。

> **17条** 不法行為によって生ずる債権の成立及び効力は、加害行為の結果が発生した地の法による。ただし、その地における結果の発生が通常予見することのできないものであったときは、加害行為が行われた地の法による。

「不法行為によって生ずる債権の成立及び効力」については、原則として「加害行為の結果が発生した地」の法、つまり被害者側に「結果」が発生した地の法によるが、「その地における結果の発生が通常予見することのできないものであったとき」には加害者の予見可能性に配慮して、加害者側が「加害行為」を行った地の法による、というわけです。いずれの場合にあたるかは、「その地における結果の発生が通常予見することのできないもの」か否かで決せられます（条文の引用は省略しますが、生産物責任についての18条も、同様に「原則——例外」という形式でそれぞれ連結点を定めています）。

　このような単位法律関係について準拠法を決定する場合には、まず場合分けの基準に着目して、そのいずれの場合にあたるのかを判断する必要があります。

　逆にいえば、この類型については、場合分けさえ行えば、それぞれの場合については単一の連結点によって指定される単一の準拠法を適用すればよいということになります。つまり、この連結方法は、単純な連結方法と大きく異なるものではない、ということができるでしょう。

●段階的連結　　まずは規定をみてみましょう。通則法25条は次のように規定しています。

> 25条　婚姻の効力は、夫婦の本国法が同一であるときはその法により、その法がない場合において夫婦の常居所地法が同一であるときはその法により、そのいずれの法もないときは夫婦に最

第Ⅳ章　目的地への行き方　　69

> も密接な関係がある地の法による。

　この規定にも複数の連結点が登場します。しかも、それらが同時に適用されるわけではありません。その意味では先ほど（68頁以下）述べたところと同様に場合分けがなされているということができます。

　ただ、この規定では、場合分けが、複数の者についてそれぞれの連結点により同一の法が指定されているか、ということに着目してなされていること、そして同一の法が指定されない場合には異なる連結点によるとされていることが目を引きます。

　具体的には、25条は、まず、夫の本国法と妻の本国法とが同一か否かを問題にします。そして、夫の本国法と妻の本国法とが同一とされれば、それによることになります。たとえば、夫も妻も韓国人であれば、韓国法によることになるのです。

　夫婦の本国法が同一でなければ、次に夫の常居所地法と妻の常居所地法とが同一であるか否かを検討します。常居所地（住所のようなもの、でしたね）を連結点として同一の法が指定されれば、その法によるというわけです。たとえば、夫が韓国人で妻がベトナム人であるという場合には、夫婦の本国法は異なりますから、その常居所地法が同一であるか否かを検討することになります。このとき、夫は東京に住んでおり妻は大阪に住んでいるという場合には、常居所は異なりますが、常居所によって指定される法は日本法で同一ですから、婚姻の効力の準拠法は日本法ということになるのです。

そして、夫婦の本国法も夫婦の常居所地法も同一ではない場合には、そのどちらによることもできないということで、「夫婦に最も密接な関係がある地」が連結点とされ、準拠法が決定されるのです。夫が韓国に住んでいる韓国人で、妻がベトナムに住んでいるベトナム人という場合がこれにあたります。

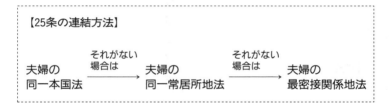

同様の構造をもつ規定は、32条にもみられます。

> 32条　親子間の法律関係は、子の本国法が父又は母の本国法（父母の一方が死亡し、又は知れない場合にあっては、他の一方の本国法）と同一である場合には子の本国法により、その他の場合には子の常居所地法による。

32条では、まず、子の本国法が親のどちらかの本国法と同一か否かが問題とされます。そして、それが同一とされれば、その法によることになります。子どもが韓国人である場合、父が韓国人で母がベトナム人であれば、韓国法が準拠法とされるのです。

32条のかっこ内に明文で規定されているように、本国法の同一性は生存している親との間でのみ検討します。32条の単位法律関係である「親子間の法律関係」は、生きている親子の間で問題と

なるものだからです。したがって、この場合、仮に韓国人の父が死亡しますと、その後は子の本国法（韓国法）と残された親の本国法（ベトナム法）とは同一ではないということになります。子の本国法が親の本国法と同一ではない場合には、子の常居所地法によることになりますから、この親子が日本で暮らしている場合には、親子間の法律関係については日本法で判断することになります。

【32条の連結方法】

子と父母の一方との同一本国法 ──それがない場合は──→ 子の常居所地法

　通則法25条や32条のような連結方法をより抽象的に表現しますと、複数の者について、その要素が同一の法を指定している場合にはそれによるが、そうでない場合にはそれとは異なる連結点により準拠法を定める、ということになるでしょう。このような準拠法への連結方法を「**段階的連結**」と呼びます。また、そのような連結方法による準拠法の適用という意味で、「段階的適用」という言葉が使われることもあります。

　「段階的適用」という言葉からは、単一の問題について複数の準拠法が段階的に適用される、というイメージをもってしまうかもしれませんが、そうではありません。段階的連結においても、すでに説明した「場合分け」の場合と同様に、結局のところ指定される準拠法は1つです。その点では単純な連結の場合と同じで

す。ただ、その単一の準拠法を決定する方法に特徴がある、ということになります。

なお、このほか、法律行為の準拠法についての7条および8条1項も、段階的連結とみることができます。

> 7条 法律行為の成立及び効力は、当事者が当該法律行為の当時に選択した地の法による。
> 8条① 前条の規定による選択がないときは、法律行為の成立及び効力は、当該法律行為の当時において当該法律行為に最も密接な関係がある地の法による。

ここでは、複数の要素が同一の法を指定しているか否かが問題とされているわけではありません。しかし、「○○を連結点として準拠法を定めるが、それが存在しない場合には△△の法による」という構造は同じです。

【7条および8条1項の連結方法】

当事者が選択した地の法 ──それがない場合は──> 当該法律行為に最も密接な関係がある地の法

なお、以上に説明した段階的連結と、扶養義務の準拠法に関する法律2条の採用する連結方法は異なります。

> 2条① 扶養義務は、扶養権利者の常居所地法によつて定める。ただし、扶養権利者の常居所地法によればその者が扶養義務者

> から扶養を受けることができないときは、当事者の共通本国法によつて定める。
> ② 前項の規定により適用すべき法によれば扶養権利者が扶養義務者から扶養を受けることができないときは、扶養義務は、日本法によつて定める。

　この規定の連結方法も、複数の準拠法に順位をつけて規定している点では段階的連結と似ています。

　しかし、両者は、「どのような場合に次の順位の準拠法を適用するか」が異なります。段階的連結の場合には、複数の連結点が同一の準拠法を指定しなかったときに次順位の準拠法を適用しますが、この扶養義務の準拠法に関する規定の場合には、先順位の準拠法によれば扶養権利者が扶養義務者から扶養を受けることができないときに次順位の準拠法によるものとされます。次順位の準拠法によることとされる条件が、「扶養を受けることができない」という**実質法を適用した結果**となっている点、段階的連結とは異なる、というわけです。

　つまり、ここでの連結方法は、「扶養権利者が扶養を受けられる」という、実質法上の一定の結論を目指していることになりま

【扶養義務の準拠法に関する法律2条の連結方法】

扶養権利者の常居所地法 ──それでは扶養が受けられない場合は──▶ 当事者の共通本国法 ──それでは扶養が受けられない場合は──▶ 日本法

す。この点で、扶養義務の準拠法に関する法律2条の採用する連結方法は、単純な連結や段階的連結とは大きく異なるのです。

●**選択的連結** 　以上の「場合分け」あるいは「段階的連結」といった連結方法においては、ある単位法律関係について適用される準拠法は結局のところ1つだけでした。これに対して、ある単位法律関係について、複数の準拠法が同時に適用される場合もあります。そのような連結方法として、まずは「選択的連結」を紹介しましょう。

たとえば、通則法10条1項・2項をご覧ください。

> 10条① 　法律行為の方式は、当該法律行為の成立について適用すべき法（……）による。
> ② 　前項の規定にかかわらず、行為地法に適合する方式は、有効とする。

10条1項も2項も、「法律行為の方式」という同一の単位法律関係について準拠法を定める規定ですが、1項は法律行為の成立の準拠法によるとし、2項は行為地法の適用を指示しています。まさに1つの単位法律関係について2つの準拠法が適用されることになるわけです。

ここで、この2つの準拠法がどのように適用されているかといいますと、

・準拠法その1による。
・しかし、準拠法その2に適合すれば有効。

第Ⅳ章　目的地への行き方

というわけですから、結局のところ、2つの準拠法のいずれかの要件に適合すれば有効ということになるのです。

このように、複数の準拠法のいずれかの要件に適合すれば有効とする、といった準拠法への連結方法を「**選択的連結**」と呼びます。また、そのような連結方法による準拠法の適用という意味で、「選択的適用」という言葉が使われることもあります。

イメージとしましては、素人のど自慢大会の予選で複数の審査員がいるときの審査方法で考えるとわかりやすいでしょうか。選択的連結であれば、誰か1人の審査員が「予選通過！」と判断すれば、ほかの審査員が予選落ちと判断しても、予選を通過できる、というわけです。これなら私でも予選を通過できるかも……と思ってしまいます。

あるいは、これを表にしてみるとわかりやすいかもしれません。ある単位法律関係について、2つの準拠法（A国法とB国法）の選択的連結がとられているとしましょう。この場合、その単位法律関係の成立について、A国法とB国法は、それぞれ、それを肯定する場合と否定する場合とがあることになります。A国法とB

【選択的連結の場合】

ケース	①	②	③	④
A国法	◯	◯	×	×
B国法	◯	×	◯	×
結　論	◯	◯	◯	×

国法とを組み合わせると、その適用結果については2×2の4つのケースが考えられるわけですね。選択的連結の場合には、その単位法律関係の成立が否定されるのは、A国法もB国法もその成立を否定した場合に限られるということなのです。

　なお、この連結方法は「選択」的連結と呼ばれていますが、誰かが準拠法を選択できる、という意味ではありません。選択肢が複数あり、いずれかをみたせば十分であるような連結方法、という意味です。当事者が準拠法を選択できると規定している通則法7条は、選択的連結を採用したものではありません。

　通則法は、婚姻の方式（24条2項および3項本文）についても、親族関係の方式（34条）についても、10条と同様の文言で選択的連結を規定しています。

　また、これらの規定とは文言が異なっていても、選択的連結を採用していると理解されるものもあります。たとえば、遺言の方式については、遺言の方式の準拠法に関する法律2条が次のように規定しています。

> 2条　遺言は、その方式が次に掲げる法のいずれかに適合するときは、方式に関し有効とする。
> 　㈠　行為地法
> 　㈡　遺言者が遺言の成立又は死亡の当時国籍を有した国の法
> 　㈢　遺言者が遺言の成立又は死亡の当時住所を有した地の法
> 　㈣　遺言者が遺言の成立又は死亡の当時常居所を有した地の法
> 　㈤　不動産に関する遺言について、その不動産の所在地法

この規定は、これまでみてきた規定のような、「○○は、□□法による」「○○は□□法によって定める」といった構造をもっていません。しかし、複数の準拠法のいずれかの要件をみたせば、遺言は方式上有効となる、というわけですから、その意味するところが選択的連結であることは明らかでしょう。

　同様に、嫡出親子関係の成立についての通則法28条1項や準正に関する30条1項も選択的連結を採用しています。28条1項を掲げておきましょう。

> 28条①　夫婦の一方の本国法で子の出生の当時におけるものにより子が嫡出となるべきときは、その子は、嫡出である子とする。

　文言上もう少しわかりにくいのが、認知に関する29条2項前段です。

> 29条②　子の認知は、前項前段の規定により適用すべき法によるほか、認知の当時における認知する者又は子の本国法による。

　ここでは、単に「準拠法その1によるほか、その2またはその3による」という規定の仕方になっていて、複数の準拠法にどのように「よる」のかは不明確です。しかしその趣旨は、複数の準拠法のいずれかの要件をみたした認知は有効とするというものだと理解されています。つまり、29条2項も選択的連結を採用した規定と解されているのです。

　このほか、選択的連結そのものを採用したとはいえませんが、

それに近い連結方法を規定しているものとして、4条1項・2項が存在します。

> 4条① 人の行為能力は、その本国法によって定める。
> ② 法律行為をした者がその本国法によれば行為能力の制限を受けた者となるときであっても行為地法によれば行為能力者となるべきときは、当該法律行為の当時そのすべての当事者が法を同じくする地に在った場合に限り、当該法律行為をした者は、前項の規定にかかわらず、行為能力者とみなす。

　これによりますと、人の行為能力については、その人の本国法と行為地法とのいずれかによって能力者と認められれば能力者とされることになります。その意味では選択的連結と同様なのです。ただ、4条2項には、「当該法律行為の当時そのすべての当事者が法を同じくする地に在った場合に限り、」という条件がついています。その点で、通常の選択的連結とは異なるのです。すでに説明した場合分け（68頁以下）と、選択的連結（75頁以下）とを組み合わせたものということができるでしょう。
　ちなみに、この「当該法律行為の当時そのすべての当事者が法を同じくする地に在った場合」という条件をみたす典型的な場合は、お店での買い物といった対面での契約ということになりますが、インターネットを通じての契約であっても、契約の当時に両当事者が「法を同じくする地」にあれば（たとえば、契約当事者がどちらも日本国内にいる場合であれば）、この条件をみたすことになります。

●**累積的連結**　　単一の単位法律関係について、複数の準拠法が適用されるという連結方法は、選択的連結に限られるわけではありません。通則法22条をご覧ください。

> 22条①　不法行為について外国法によるべき場合において、当該外国法を適用すべき事実が日本法によれば不法とならないときは、当該外国法に基づく損害賠償その他の処分の請求は、することができない。
> ②　不法行為について外国法によるべき場合において、当該外国法を適用すべき事実が当該外国法及び日本法により不法となるときであっても、被害者は、日本法により認められる損害賠償その他の処分でなければ請求することができない。

この規定には、2つの法、つまり

・不法行為の準拠法である外国法
・日本法

が登場します。そして、両者がともに適用されるのですが、その適用のされ方は選択的連結の場合とは異なります。むしろ正反対といってもよいでしょう。

22条は、不法行為の準拠法が外国法である場合に問題となります。そして、同条1項は、日本法により「不法」とされることが、不法行為の準拠法である外国法に基づく損害賠償等を請求する要件であると規定しています。ここで、「不法」とは不法行為の成立要件をみたすこと、と一般に解されています。すると結局この

規定によれば、準拠法である外国法と日本法との双方が認める場合にのみ、不法行為の成立は認められる、ということになります。同様に同条2項では、1項の条件をみたしても、被害者が請求できるのは日本法が認める損害賠償等に限られる、としています。これはつまり、損害賠償請求といった不法行為の効力は、準拠法である外国法と日本法との双方が認める範囲においてのみ認められることを意味します。

　以上要するに、22条は、不法行為について、その成立についても効力についても、準拠外国法と日本法との双方が認めるものに限って認める旨規定しているというわけです。

　このように、複数の準拠法のすべての要件に適合してはじめてそれを有効とする、あるいは複数の準拠法のすべてが認める効果の発生のみを認める、といった準拠法への連結方法を「**累積的連結**」と呼びます。また、そのような連結方法による準拠法の適用という意味で、「累積的適用」という言葉が使われることもあります。

　先ほどの、「素人のど自慢大会の予選」のたとえでいいますと、累積的連結の場合には、全員の審査員が「予選通過！」と判断しない限り予選を通過できない、ということになります。選択的連結と比べると、ずっと予選通過がむずかしいということになりますね。こちらだと、私の予選通過は絶望的です。

　また、選択的連結の場合と同じように、累積的連結の場合についても表にしてみると次頁のようになります。A国法とB国法との累積的連結の場合には、その単位法律関係の成立が肯定される

【累積的連結の場合】

ケース	①	②	③	④
A国法	○	○	×	×
B国法	○	×	○	×
結　論	○	×	×	×

のは、A国法もB国法もその成立を肯定した場合に限られます。

　したがって、不法行為にもとづく責任を負う可能性のある者は、22条により、日本法上責任を負うか否かのみを考えていればよいことになります。たとえば、ある行為が不法行為にあたるとして損害賠償が請求され、その損害賠償請求が不法行為の準拠法である外国法では認められるとしても、そのような請求が日本法上も認められない限りは損害賠償義務を負わないことになるからです。その意味で、22条は、潜在的な加害者の行動の自由を保障する機能を有するということになります。

●配分的連結　単一の単位法律関係について複数の準拠法を適用するものとして、このほかに通則法24条1項をあげることができます。

> 24条①　婚姻の成立は、各当事者につき、その本国法による。

　婚姻は2人の当事者がいてはじめて成立します。伝統的にはそれは男女ですから、それに沿って説明しますと、この規定により、

婚姻の成立に関して「男については男の本国法」、「女については女の本国法」がそれぞれ適用されることになります。

　この規定のように、複数の者が関わる1つの単位法律関係について、それぞれの者に関する要件についてそれぞれ連結点を定める、といった連結方法を「**配分的連結**」と呼びます。また、そのような連結方法による準拠法の適用という意味で、「配分的適用」という言葉も用いられます。

　配分的連結は累積的連結に似ていますが、両者は異なります。累積的連結であれば、「男の本国法」と「女の本国法」とが、それぞれ婚姻の成立要件すべてに適用されることになります。しかし、24条1項においては、一方当事者の本国法が適用される範囲について、「各当事者につき、」という限定が付されているのです。これが配分的連結の特徴であり、累積的連結との相違点ということになります。

　たとえば、17歳の男女が婚姻できるか、という例で考えてみましょう。男の本国法であるA国法では、男女とも16歳以上であれば婚姻できるとされていたとします。他方、女は日本人で、日本民法では男は18歳、女は16歳になれば婚姻できるものとされています（民法731条）。このとき、累積的連結によれば、婚姻の成立要件についてA国法と日本法とがそれぞれ全面的に適用されます。そして、日本民法上は17歳の男は婚姻できませんから、この17歳の男女は婚姻できないことになります。これに対して、配分的連結によると、男17歳はその本国法であるA国法の要件をみたしている、女17歳はその本国法である日本法の要件をみたしている、

したがってこの17歳の男女は婚姻できる、と考えることになるのです。

なお、これについては「一方要件と双方要件との区別」という問題がありますが、この本ではふれないでおきます。

またここで、第Ⅲ章で述べた、婚姻については成立と効力とを別個独立の単位法律関係としている点（39頁）について補足しておきましょう。

婚姻の成立については、配分的連結により、各当事者の本国法によることで、婚姻当事者それぞれの本国法が、その当事者について適用されるものとされました。

しかし、婚姻の効力についてこれと同様に配分的連結によることは考えられません。婚姻の効力は、たとえば夫婦の同居義務といった問題を含むものですが、そのような問題について「夫には同居義務があるが妻にはない」などと、夫婦それぞれに考えるべきではないからです。夫婦間の権利義務の問題については、夫婦に共通の要素を連結点として単一の準拠法によって解決をはかるべきであり、そこで、すでに述べたような段階的連結が採用されたということなのです。そして、このように婚姻の成立と効力とで異なる連結点を採用するために、両者は別個独立の単位法律関係とされた、ということになります。

●意思表示に基づく特別連結

以上の説明のうち、最初にあげた「場合分け」は、段階的連結の説明の前提としてこの本が特にあげたものです。一般的に複雑な連結方法としてあげられているものは、「段階的」「選択的」

「累積的」「配分的」連結（適用）の4種類ということになります。

しかし、単純な連結方法や以上にあげた連結方法のほかにも、通則法が採用している連結方法はあります。その中でも、通則法の制定時に導入されたユニークな連結方法を、ここでは仮に「意思表示に基づく特別連結」と呼んで、紹介しておきたいと思います。

例として、労働契約についての通則法12条1項をあげましょう。まずは前提として、この規定の背景を少し説明したいと思います。

労働契約のように、契約当事者間の「交渉力」などに差がある場合には、各国の実質法である労働法上、その契約内容を当事者間の合意に委ねるのではなく、弱者である労働者を保護する強行規定（当事者の合意内容とは無関係に必ず守らなければならない規定）が置かれることが一般的です。わが国も、たとえば「労働契約法」などに労働者を保護する強行規定を置いています。

他方、準拠法については、労働契約も契約の一種ですから、「法律行為」に該当し、その準拠法はまずは7条により、当事者の選択により定められることになります。

> **7条** 法律行為の成立及び効力は、当事者が当該法律行為の当時に選択した地の法による。

しかしこれでは、使用者が自分に都合のよい内容をもつ準拠法を指定し、労働者に合意させることで、労働者を保護するための強行規定の適用を免れることが可能となってしまいます。

そこで、通則法は労働契約の準拠法について特則を置きました。それが12条1項です。

> 12条① 労働契約の成立及び効力について第7条……の規定による選択……により適用すべき法が当該労働契約に最も密接な関係がある地の法以外の法である場合であっても、労働者が当該労働契約に最も密接な関係がある地の法中の特定の強行規定を適用すべき旨の意思を使用者に対し表示したときは、当該労働契約の成立及び効力に関しその強行規定の定める事項については、その強行規定をも適用する。

この規定は、労働契約の準拠法も7条にもとづいて当事者の選択によって定まることを前提としています。しかし、そこで指定された法が「当該労働契約に最も密接な関係がある地の法」ではない場合には、労働者が「当該労働契約に最も密接な関係がある地の法」にある特定の強行規定の適用を使用者に要求できるものとしたのです。それによって、使用者による強行規定の潜脱を防ごうというわけです。

さて、この規定が採用した連結方法を整理するとこのようになります。

- 労働契約の準拠法は原則通り当事者の選択により定まる。
- 一定の要件をみたす場合には、労働者の使用者に対する意思表示により、準拠法とは異なる法の中の特定の強行規定も適用される。

この規定は、労働契約という単位法律関係については、1つの準拠法のほかに、一方当事者の意思表示を条件としてそれとは異なる法にある特定の強行規定も適用されるとしているのです。ここではこのような連結方法を「**意思表示に基づく特別連結**」と呼んでみました。なかなか特徴的な連結方法ということができます。

　労働契約についての通則法12条1項と同様の連結方法は、消費者契約についての11条1項も採用しています。また、消費者契約の方式については、11条3項が類似の連結方法を採用しています。これらも「意思表示に基づく特別連結」と呼ぶことができるでしょう。

3 　連結政策

　この本の第Ⅱ章では、準拠法選択の過程を巨大なロッカールームにたとえました（29頁）。そして、連結点によって準拠法＝使用するロッカーが定められると、そのロッカーを開いてその中から法規範を取り出して適用するのだ、と説明しました。

　このたとえ話は、使用するロッカーが1つであること、つまり適用される準拠法が1つであることを前提としています。しかし実際には、ある1つの単位法律関係について、1つの連結点に着目して1つの準拠法を選択・適用する、という単純な連結以外にも、わが国の国際私法がさまざまな連結方法を採用していることがわかっていただけたと思います。

　このうち、「場合分け」や「段階的連結」は、単一の準拠法を「よりよく」決定するための工夫と理解することができます。準

拠法の決定方法は単純ではありませんが、国際民事紛争の解決を、ある単一の準拠法に委ねるという点では単純な連結の場合と同じということになります。

　これに対して、「**選択的連結**」や「**累積的連結**」は、国際民事紛争の解決を、ある単一の準拠法に委ねるというものではありません。これらは、このような連結方法を通じて、**実質法上の結論**について一定の方向を目指しているということができます。

　すなわち、選択的連結においては、単一の準拠法によるよりも、その要件を充足することが容易になります。したがって、「法律行為の方式」、「嫡出親子関係の成立」、「認知」など、選択的連結がとられるのは、「それは、なるべく認めてあげた方がよいなぁ」と考えられる単位法律関係についてである、ということになります。

　他方、累積的連結はその反対です。単一の準拠法によるよりも、その要件を充足することが困難になります。したがって、累積的連結を採用したものは、「そう簡単には、その要件をみたすことがないようにしよう」との、立法的な判断がされた、ということになるわけです。

　上で説明したとおり、現在の通則法22条は、不法行為の成立および効力の双方について累積的連結を維持しました。これは、少々意地悪な見方をすれば、不法行為については「被害者に厳しく、（潜在的な）加害者に優しい」連結方法が採用されたと評価できるでしょう。このように考えると、22条に対して立法論的に強い批判があるのは、それなりに理由のあることだとわかると思

います。

　連結点についてのお話、その組み合わせによる連結方法について説明したところで一区切りとします。お話の続き、個別の連結点については、章を改めてとりあげることにします。

･･････････････････　この章のポイント　･･････････････････

☑単位法律関係の種類に応じて、それぞれに適切な連結点が定められています。

☑1つの単位法律関係について単一の準拠法を適用する場合でも、より適切な準拠法を選択できるようにするために、場合分けや段階的連結といった連結方法が採用されることがあります。

☑選択的連結においては、複数の準拠法のいずれかの要件をみたせばよいとされ、累積的連結においては、複数の準拠法のいずれの要件もみたさなければならないとされます。

☑配分的連結においては、単一の単位法律関係について、2つの準拠法が限定された範囲で適用されます。

☑通則法は、労働契約、消費者契約について、労働者や消費者を保護するために、その意思表示により準拠法とは異なる法にある特定の強行規定を適用すべきものとする、新たな連結方法を導入しました。

☑ 選択的連結と累積的連結とは、実質法上の結論について正反対の方向を目指す連結政策を採用したものということができます。

第Ⅴ章　果たしてその場所は
──連結点のお話その２──

　第Ⅳ章に続いて、この章でも、準拠法選択規則における連結点について学んでいきましょう。

　第Ⅳ章では、さまざまな連結方法について学びました。それに引き続いて、この第Ⅴ章では、具体的な連結点をとりあげて説明しようと思います。

　そうはいっても、ここで日本の国際私法が規定しているすべての連結点をとりあげて検討することはできません。国際私法で特に用いられる独自の概念や、連結点の中でも少々毛色の変わったものなどを選んで説明していくことになります。

　具体的には、「本国法による」という規定により連結点とされる国籍、国際私法に特有の概念である常居所、といったあたりが中心となります。本章ではほかに、「最密接関係地」という連結点と、「日本法による」という規定もとりあげることにしました。

　また、この章の最後に、連結点を判断する時点についてまとめておきました。

　どの駅で降りるかを決めるのは、電車旅の醍醐味ですね。準拠法選択の旅も、この第Ⅴ章までで、ようやく降りる駅が決まりました。旅の目的地は、駅の目の前にあるようです。

1 国　　籍

●**本国法主義**　　個別の連結点として、まずは「本国法による」という規定をとりあげることにしましょう。

通則法には、「○○の本国法による」としている規定がたくさんあります。「本国法による」との規定は、その人の国籍を基準として連結点を定めようというものですから、この場合の連結点は「国籍」ということになります。

人の能力や家族法・相続法上の諸問題について本国法によるとする、いわゆる「**本国法主義**」は、日本では、明治23年の旧法例（15頁で紹介した、施行されなかった法律です）以来採用されています。旧法例には以下のような規定がありました。

> 旧法例3条①　人ノ身分及ヒ能力ハ其本国法ニ従フ
> ②　親属ノ関係及ヒ其関係ヨリ生スル権利義務ニ付テモ亦同シ
> 4条②　……相続及ヒ遺贈ニ付テハ被相続人及ヒ遺贈者ノ本国法ニ従フ

明治31年の法例制定の際にも、本国法主義は維持され、特に家族法上の問題について「誰の」本国法によるのかが明確にされました。また、平成元年の法例改正においては、次順位の連結点として常居所（「住所のようなもの」でしたね）なども採用されています。通則法の制定時には、本国法主義によるべきか否かが個別の単位法律関係ごとに検討されました。しかし、結局のところ、人の能力や家族法・相続法上の問題について基本的に当事者の本

国法によるという考え方は、現在の通則法においても維持されているのです。

本国法主義と対比される考え方として、こういった問題についてその人の住所地法によるとする**住所地法主義**があります。住所地法主義に対する本国法主義のメリットとしては、一般に、人と本国との結び付きの強さや、その結び付きが比較的安定していること、その証明・確認が容易なこと、といった点があげられます。

人の生活や規範意識は、その本国の伝統・風俗・習慣・宗教といったものに強く影響されるのであり、その人が今どこで生活していても、その人の「根っこのところ」はあまり変わらないのではないか……と考えると、その人の能力や家族法・相続法上の問題を解決する規範としては、住所地法よりも本国法の方がふさわしいということになるでしょう。

また、人の国籍は、住所地よりも変更する可能性や頻度が低いものです。したがって、国籍を連結点にすると、準拠法はそれほど頻繁に変更されないことになります。それによって、ある事柄について、単一の準拠法により一貫した判断がなされることになります。そのような「準拠法の安定」は、それ自身がメリットということができるでしょう。

これに加えて、国籍はパスポートなどで簡単に確認できますので、たとえば婚姻の成立について本国法によることとすれば、自分が結婚できるかどうかについての準拠法を容易に証明できることになります。行為能力について行為者の本国法によることとすれば、取引相手が行為能力者か否かについての準拠法を容易に確

認することができます。

このように、本国法主義にはさまざまな理由・根拠・メリットがあるといわれています。さらにまた、もしかすると、「どこの国の人か」を問題にすることが、日本の社会・文化の考え方に合致している、ということもあるのかもしれません。それがよいことかどうかは置いておくとしましても。

●**連結点としての国籍** このように、「国籍」という連結点は、さまざまな規定において用いられています。しかし、国籍は、連結点としては少々変わり種といいましょうか、例外的な存在です。それは、2つの点において表れます。

第1に、国籍という連結点は、通則法の解釈によって独自に定められるものではありません。

一般に、日本の国際私法が定める連結点の概念は、まさに当該規定の解釈として定められます。たとえば、通則法13条は次のように規定しています。

> 13条① 動産又は不動産に関する物権及びその他の登記をすべき権利は、その目的物の所在地法による。
> ② 前項の規定にかかわらず、同項に規定する権利の得喪は、その原因となる事実が完成した当時におけるその目的物の所在地法による。

ここで、「目的物の所在地」という連結点が何を意味するかは、この規定の解釈として、日本が独自に判断するものです。

たとえば、ある最高裁判決（最判平成14・10・29民集56巻8号

1964頁)では、自動車の物権(所有権)について争われましたが、最高裁は、「自動車が広範囲な運行の用に供されており、その物理的な所在地が変動している」などの要件をみたす場合には、その自動車の「利用の本拠地の法を当該自動車の所在地法として、これを準拠法とするほうが妥当である」としています。このように、「目的物の所在地」といった、一見、解釈の余地がないような連結点であっても、「それは利用の本拠地である」といった思い切った解釈をすることは可能なのです。

これに対し、国籍という連結点については、そういうわけにはいきません。というのは、そもそも「ある人がどのような国籍を有しているか」は、日本が決定できるようなものではないからです。日本が勝手に、「この人はドイツ人です」などといっても無意味で、その人がドイツ人かどうかを決めるのはドイツなのです。同じように、ある人がフランス人かどうかはフランスが、韓国人かどうかは韓国が判断する、というのが原則です。一般に、人にある国の国籍を与えるのはその国自身であり、それぞれの国が自国民の範囲をそれぞれ独自に決めている、というわけです。

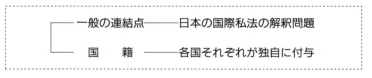

連結点としての国籍のこのような特徴から、国籍という連結点と、それ以外の一般的な連結点(「目的物の所在地」など)とでは、それが所在する地の「数」が異なることになります。

つまり、一般的な連結点については、「この連結点の意義は○○。したがって、この事案においては、その所在地は××である」と日本が判断できますから、その所在地は常に一箇所に定められることになります。これに対して、国籍という連結点については、各国がそれぞれ独自に自国籍の有無を判断しますから、ある1人の人間について国籍が複数国に認められたり、いずれの国にも認められなかったりする可能性があるのです。

　ある人が複数の国籍を有する場合、その人を**重国籍者**と呼びます。また、ある人がいずれの国籍ももたない場合、その人を**無国籍者**と呼びます。

　「○○については××の本国法による」との規定について、「××」にあたる人が重国籍者や無国籍者である場合には、連結点の所在地がすぐには確定しません。そのため、そのような場合について連結点をどのように確定するか、つまりその人の「本国」をどこと解するかが問題となるのです。以下、その点についての通則法の規定を重国籍者、無国籍者の順にみていきましょう。

　なお、連結点としての国籍の第2の特徴としては、国籍という連結点が指し示すものは、地図上の一点ではなく、一定の広がりをもった1つの国家である点をあげることができます。それについて詳しくは、次の第Ⅵ章でとりあげることにしましょう（118頁以下参照）。少々お待ちください。

●重国籍者の本国法

　「××の本国法による」との規定について、「××」にあたる人が重国籍者である場合には、その人がもっている複数の国籍のいずれを連結点と

するか、その人の本国をいずれの国と解するのかが問題となります。複数の選択肢のどれを選ぶのか、という問題です。

この点について、通則法38条1項は、次のように規定しています。

> 38条①　当事者が2以上の国籍を有する場合には、その国籍を有する国のうちに当事者が常居所を有する国があるときはその国の法を、その国籍を有する国のうちに当事者が常居所を有する国がないときは当事者に最も密接な関係がある国の法を当事者の本国法とする。ただし、その国籍のうちのいずれかが日本の国籍であるときは、日本法を当事者の本国法とする。

この規定は、まずただし書から読むとわかりやすいでしょう。ただし書は、選択肢の1つが日本ならそれを優先すると規定しています。日本の国籍をもっている人というのは、日本の国籍法が国籍を与えたわけですから、日本においては日本人と扱う、というわけです。また、日本においては、日本国籍をもっている人の大半は日本国籍しかもっていませんから、日本国籍をもっている人については、他の国籍ももっているかどうかを確認しなくても本国法は日本法だと確定できることにすると、その分手間が省けるということもあります。

日本以外の複数の国籍をもっている人については、まず、その人が常居所（住所のようなもの）をもっている国を優先します。現在生活をしている国との関連性の方がより深いであろうという理由によります。デンマークとスウェーデンとの重国籍者で、現

在スウェーデンに常居所がある人の本国法はスウェーデン法とする、というわけです。

そのような国がない場合、たとえば、ドイツとフランスとの重国籍者が日本に常居所をもっているというような場合には、「当事者に最も密接な関係がある国の法」を本国法とします。

そして、この最密接関係国も、当事者が国籍を有している国の中から選ぶことになります。ドイツとフランスとの重国籍者で日本に常居所があるという人が、仮に何十年も日本で生活をし、日本への帰化を検討しているというような場合、その人の「最密接関係国」を世界中から1つ選ぶとすると、それは日本ということになるかもしれません。しかし、仮にそのような場合であっても、ドイツとフランスとの重国籍者についてはドイツ法かフランス法のいずれかが本国法とされます。38条1項はあくまでも、重国籍者がもっている複数の国籍のいずれを基準としてその人の本国法を決定するかを定めるものですから、当事者が国籍をもたない国の法を本国法とすることは考えられないのです。

●無国籍者の場合　これに対し、「××の本国法による」との規定について、「××」にあたる人がいずれの国の国籍ももたない無国籍者である場合には、その人について国籍を連結点とすることはできないことになります。そのような、本国が存在しない人については、国籍とは異なる基準によって準拠法を決定しなければならないのです。

そこで、通則法38条2項は、次のように規定しています。

> 38条② 当事者の本国法によるべき場合において、当事者が国籍を有しないときは、その常居所地法による。ただし、第25条（第26条第1項及び第27条において準用する場合を含む。）及び第32条の規定の適用については、この限りでない。

　これは、無国籍者については、本国法によることはできないので、本国法ではなく、常居所地法を準拠法とします、という規定です。
　ただし書には説明が必要ですね。ただし書があげている25条と32条においては、同じ連結方法がとられているのですが、覚えていますか？

> 25条　婚姻の効力は、夫婦の本国法が同一であるときはその法により、その法がない場合において夫婦の常居所地法が同一であるときはその法により、そのいずれの法もないときは夫婦に最も密接な関係がある地の法による。
> 32条　親子間の法律関係は、子の本国法が父又は母の本国法（父母の一方が死亡し、又は知れない場合にあっては、他の一方の本国法）と同一である場合には子の本国法により、その他の場合には子の常居所地法による。

　そう、段階的連結です。本国法の同一性が問題となる段階的連結は25条と32条だけですが、このような段階的連結の場合、当事者の一方が無国籍者である場合には、その者の常居所地法が、他方の本国法と一致しても、本国法が同一であるとはしない、というのが、38条2項ただし書、というわけです。

具体例で考えてみましょう。ある夫婦について婚姻の効力の準拠法が問題になったとします。夫の本国法がA国法で、妻は無国籍者で常居所地法がA国法と仮定します。婚姻の効力の準拠法は25条により、夫婦の本国法が同一であればそれによることになります。この場合、夫の本国法はA国法です。他方、妻は無国籍者ですから、その本国法はありません。このとき、「夫の本国法も、無国籍者である妻の常居所地法も、どちらもA国法であるから両者は同一である」などとは判断し・な・い・、というのが、38条2項ただし書の趣旨です。このような夫婦の婚姻の効力については、夫婦の同一常居所地法あるいは夫婦の最密接関係地法が適用されることになります。

　なお、このただし書は、「念のために」置かれたもので、このただし書がなかったとしても、同じように解釈すべきだといわれています。というのは、無国籍者の本国法は存在しないのであり、いかなる本国法も、存在しないものと「同一」であることはありえないからです。とはいえ、38条2項本文だけではこの点がややわかりにくいので、ただし書でその点を明確に示した、というわけです。

2　常 居 所

　常居所（じょうきょしょ）は、国際私法独特の概念です。

　ここまで何度か「常居所」という言葉が出てきましたが、そのたびに「住所のようなもの」という簡単な説明で済ませてきました。大変お待たせしました。ここで、常居所概念について確認し

ておきましょう。

●常居所概念の創出　　この「常居所」という言葉はどのように生まれたのでしょうか。

　実は、この言葉は、ハーグ国際私法会議（これについては、16頁以下で簡単に紹介しました）で作り出された"habitual residence"という英語、あるいは、"résidence habituelle"というフランス語を日本語に訳したものです。最初にこの言葉が使用された条約は、1902年の未成年者後見の規律に関するハーグ条約ですが、それ以来、この言葉はさまざまなハーグ条約で用いられています。

　ハーグ国際私法会議において条約を作成する場合、その最大の目的は各国国際私法の内容の統一です。ところが、各国の国際私法を条約によって統一しようとする際に問題となる点の1つに、各国における「住所」概念の相違がありました。

　とりわけ、英米法上の「住所」に相当する"domicile"は、日本（あるいはその他の大陸法の国々）の「住所」とはかなり異なる概念です。たとえば、ある人が従来生活していた地を離れてかなりの期間を経過した場合でも、その地に帰還する意思をもっていれば、domicileは従来の地にとどまり続ける、などとされます。日本における住所が、「生活の本拠」（民法22条）とされていることとは一致しないのです。

　すると、条約において「住所」に相当する言葉を使用した場合、それを"domicile"と理解した国と、「（日本法上の）住所」と理解した国とでは、条約の意味するところが異なるものとなってし

まいます。それでは、条約による各国法の統一を果たすことはできません。

そこで、それまでの各国法上の住所概念から独立したものとして、ハーグ国際私法会議で新たに作り出されたものが、「常居所」というわけです。

常居所概念の定義については、条約で明文の規定を置くことも試みられました。しかし、その概念の詳細について意見が一致することはなく、現在に至るまで常居所についての定義規定は条約には置かれていません。

●常居所概念の日本への導入　ハーグ国際私法会議において創り出された常居所概念は、条約の批准にともなって日本に導入されました。条約を国内法化した、「扶養義務の準拠法に関する法律」「遺言の方式の準拠法に関する法律」では、常居所という文言が用いられています。

そして、平成元（1989）年に、婚姻・親子の分野についての準拠法選択規則が改正された際に、法例の中にも常居所概念が登場しました。

そこでは、常居所概念はどのようなものと理解されていたでしょうか。当時の立法担当者は、著書の中で、次のように説明しています。

> 「常居所」とは、人が常時居住する場所で、単なる居所とは異なり、人が相当長期間にわたって居住する場所である。その認定は、居住年数、居住目的、居住状況等諸要素を総合的に勘案して

> される。日本民法上の「住所」と国際私法における「常居所」とは、ほぼ同一のものであるといって差し支えないものと思われる。
> （南敏文『改正法例の解説』（法曹会・1992）66頁）
> 　常居所があると認められるためには、単なる短期の滞在では不十分であり、相当期間滞在している事実又は滞在するであろうと認めるに足りる事実を必要とする……。（同196頁）

　このように、ある自然人の常居所については、相当期間滞在していること、あるいは滞在するであろうと認められることが必要であり、単なる短期の滞在では不十分とされています。しかし、それ以上に具体的な判断基準は確立していません。

　さて、この本ではこれまで、「常居所は住所のようなもの」と説明してきました。平成元年法例改正の立法担当者も両者はほぼ同一であるとしていますし、「相当長期間にわたって居住する場所」という抽象的な意義からしても、両者に大きな違いはないといえるからです。

　ただ、「国際私法上の常居所概念」と「実質法上の住所概念」とが厳密に一致するわけではありません。一方が国際私法上の概念であり他方が実質法上の概念であること、またそれに結び付けられた効果も異なることなどからして、両者が違うものであることは明らかです。ですから学生がテストの答案に「常居所は住所のようなものです」と書いたら、私もバッテンをつけます。気をつけてください。

　とはいえ、常居所という言葉を聞いたことがない人に「常居所

って何ですか？」と聞かれたら、「まぁ、住所のようなものですよ」と説明するのはよいと思います。

●常居所と住所　通則法のもとでは、常居所という概念は、婚姻や親子といった分野にとどまらず、契約等の法律行為（8条2項、11条）、事務管理および不当利得（15条）や不法行為（18条、19条、20条）といった分野についても用いられるようになりました。

他方、通則法では、住所という文言も5条および6条において用いられています。しかし、そこで「住所」は連結点として用いられているわけではありません。

> 5条　裁判所は、成年被後見人、被保佐人又は被補助人となるべき者が日本に住所若しくは居所を有するとき又は日本の国籍を有するときは、日本法により、……後見開始の審判等……をすることができる。
> 6条①　裁判所は、不在者が生存していたと認められる最後の時点において、不在者が日本に住所を有していたとき又は日本の国籍を有していたときは、日本法により、失踪の宣告をすることができる。（2項略）

これらの規定で用いられている住所概念は、ある国際民事紛争についてどのような場合に日本の裁判所が審理判断すべきかという問題、すなわち国際裁判管轄に関連して用いられています。つまり、ある人の住所が日本にあれば日本の国際裁判管轄を認める、という形で、住所は国際裁判管轄の根拠を示すものとして用いら

れているのです。国際裁判管轄については第Ⅷ章と第Ⅸ章で説明しますが、国際裁判管轄についての民事訴訟法の規定でも住所という言葉が使われています。他方、民事訴訟法には常居所という言葉は登場しません。

このように、日本の国際私法では今のところ、連結点としての常居所概念と国際裁判管轄の根拠としての住所概念とが使い分けられている、ということになります。

―― 常居所：連結点を示すもの
―― 住　所：国際裁判管轄の根拠を示すもの

3　最密接関係地

通則法においては、「最も密接な関係がある地」すなわち最密接関係地という連結点も、たとえば、法律行為について準拠法の選択がない場合や、婚姻の効力について夫婦の本国法も常居所地法も異なる場合に用いられています。

> 8条①　前条の規定による選択がないときは、法律行為の成立及び効力は、当該法律行為の当時において当該法律行為に最も密接な関係がある地の法による。
> 25条　婚姻の効力は、夫婦の本国法が同一であるときはその法により、その法がない場合において夫婦の常居所地法が同一であるときはその法により、そのいずれの法もないときは夫婦に最

> **も密接な関係がある地の法による。**

　最密接関係地法によるということは、結局のところ、**単一の要素によって準拠法を決定することを放棄**した、あきらめたということになります。たとえば、契約準拠法を決定する客観的な基準となりうる要素としては、契約締結地、契約の履行地、当事者の国籍や常居所（自然人の場合）または営業所所在地（会社の場合）といったものが考えられます。しかし、これらのどれ1つをとっても、単一の要素だけで準拠法を決定するには力不足といったところ。そこで最密接関係地法によることとした、ということができるのです。

　最密接関係地法の認定は、あらゆる要素を考慮して行います。契約準拠法の場合であれば、上記の要素のほか、契約書が用いている言語、金額を表示する通貨の所属国、契約書中で用いられている法的概念がいかなる国のものか、当事者が類似の契約において準拠法を指定したことがなかったか、一般にその種の契約において準拠法とされるのはどのような法か、などなど、さまざまな要素が考慮されることになるのです。

　最密接関係地法によることとすると、このようにさまざまな要素を考慮して柔軟に準拠法を決定することができます。しかし、通則法において、最密接関係地法によるとしている規定はそれほど多くありません。それは、立法の際に、柔軟な準拠法選択規則によって最密接関係地法を適用することよりも、法的安定性や当事者の予測可能性といった他の要素を重視したため、ということ

もできるでしょう。

ちなみに、「最密接関係地法の適用が国際私法の理念である」といわれることがあります。しかし、この表現は、単位法律関係ごとに定められた連結点によって指定される準拠法を適用して国際民事紛争を解決するという、準拠法選択の基本的なプロセスそのものを意味するものと理解すべきでしょう。連結点を具体的にどのように定めるかについては、「最密接関係地法の適用」という観点は、あくまでも考慮すべき要素の１つにすぎないのです。

4 日本法の優先

第II章では、国際私法の特徴の１つとして「内外国法の平等」というものがある、と紹介しました（31頁以下）。

それにもかかわらずこのようなことを書くのは気が引けるのですが、通則法には、日本法を特別扱いした規定も存在します。この章ですでに紹介した、重国籍者の本国法の決定について日本法を優先する規定（38条１項）もありますが、ここでは、個別の単位法律関係について日本法の優先的な適用を規定しているものをみておきましょう。

●日本法の適用　　まず、ある単位法律関係について、一般的に日本法を適用するものとしている規定が、通則法にはいくつか存在します。

このような規定として、先ほど紹介した、後見開始の審判等（５条）や失踪の宣告（６条）をあげることができます。そこでは、明確かつ端的に「日本法により」と規定されています。

これらについて日本法によるとされた理由を、後見開始の審判等を例に説明してみましょう。

　後見開始の審判等は、人が不十分な判断能力しかもたない場合に、その人の行為能力を制限することで、その人を保護しようという制度です。この点について日本の民法は、その人の判断能力（正確には「事理弁識能力」といいます）の程度に応じて、「後見開始の審判」「保佐開始の審判」「補助開始の審判」という3種類の制度を用意しました。判断能力に欠けている人については、「後見開始の審判」を行い（民法7条）、その審判を受けた者（成年被後見人）の行為は無条件で取り消せることにしました（同法9条）。また、判断能力が著しく不十分な人については、「保佐開始の審判」を行い（同法11条）、その審判を受けた者（被保佐人）が一定の重要な行為をするには保佐人の同意を必要とし、その同意のないものは取消し可能としました（同法13条）。他方、判断能力が不十分という程度にとどまる人については、「補助開始の審判」を行い（同法15条）、民法13条の掲げる一定の重要な行為の中で、特定の行為を選んで、そのような行為を行う場合には補助人の同意を必要とすることができるとしましたが、そこでは本人の同意を要件としています。

　このように、日本民法は、本人の判断能力の程度にあわせて行うべき審判を3段階に分け、それぞれの審判の効力も異なるものと規定しているのです。

　さてここで仮に、日本において民法上の後見開始の審判あるいはそれに類する審判を行う場合に、その審判の効力について、た

とえばその者（保護が必要な者）の本国法によるとするとどうなるでしょうか。すると、その者と取引を行おうとする者は、「この取引をするについては、後見人（にあたる者）の同意が必要なのかどうか」を判断する際に、外国法を参照する必要があることになってしまいます。これでは、取引を円滑に行うことはむずかしいでしょう。むしろ、日本の裁判所が下した後見開始の審判等の効力については、常に日本法で判断するとした方が、このような意味での取引の安全に資することとなります。

そして、このように審判の効力を日本法で判断し、たとえば後見開始の審判がなされた場合にはその行為は無条件で取り消せるものとするのであれば、後見開始の審判を下す要件についても日本法で判断するということが一貫していることになります。なぜなら、先に説明したように、日本民法は、要件である本人の判断能力の程度に応じて、審判の種類およびその効力を定めているからです。

そのような理由から、後見開始の審判等については、全体として日本法による、とされたのです。

失踪の宣告についても同様に、失踪の宣告あるいはそれに類する宣告の効力については日本法で判断することが簡明であることから、その要件も含めて、すべて日本法によるものとされたと説明することができます。

このほか、不法行為について、一般的に日本法を累積的に適用すべきものとしている通則法22条（80頁で紹介しました）は、日本法のみを適用しているわけではありませんが、日本法が常に適

用されるという点では、通則法5条・6条と類似の規定であるということができるでしょう。

●**日本人条項** 　通則法が日本法の優先的適用を規定しているもう1つのパターンは、連結点について特則を置いて、一定の場合に限って日本法を優先するというものです。たとえば、婚姻の方式について通則法24条2項・3項は次のように規定しています。

> 24条② 婚姻の方式は、婚姻挙行地の法による。
> ③ 前項の規定にかかわらず、当事者の一方の本国法に適合する方式は、有効とする。ただし、日本において婚姻が挙行された場合において、当事者の一方が日本人であるときは、この限りでない。

このように24条3項ただし書は、婚姻挙行地が日本で、しかも当事者の一方が日本人である場合の婚姻について、「この限りでない」、つまり3項本文は適用しないものとしています。3項ただし書によって、3項本文の適用が否定されますと、2項により婚姻挙行地法によることになります。ところが、3項ただし書が適用されるのは「日本において婚姻が挙行された場合」ですから、結局のところこの場合には、日本法が適用されることになるわけです。つまり、日本人と外国人とが日本で婚姻する場合には、日本で婚姻届を提出する必要があるのです。

24条3項ただし書が存在しないとすると、日本人と外国人とが日本で婚姻を挙行する場合に、その外国人の本国法である外国法

上の方式によることが可能となります。しかし、そのような婚姻を日本の戸籍に記載する必要性が高いこと、また、日本において婚姻に必要とされる方式は婚姻届の提出のみであり、当事者にとっての負担は大きいものではないこと、といった理由から、このような規定が置かれたとされます。

また、離婚についての通則法27条は、次のように規定しています。

> **27条　第25条の規定は、離婚について準用する。ただし、夫婦の一方が日本に常居所を有する日本人であるときは、離婚は、日本法による。**

27条の本文が準用している25条は、婚姻の効力について段階的連結を規定しています。これに対して、27条ただし書は、「夫婦の一方が日本に常居所を有する日本人である」場合に日本法を準拠法としています。

27条ただし書が存在しないとすると、夫婦の一方が日本に常居所を有する日本人である場合にも、27条本文により25条が準用されます。すると、夫婦の一方が日本に常居所を有する日本人で、もう一方が外国に常居所を有する外国人である場合には、「夫婦に最も密接な関係がある地の法による」ことになります。しかし、27条ただし書が置かれたことから、この場合には常に日本法によることになる、というわけです。

なお、27条ただし書が適用される「夫婦の一方が日本に常居所を有する日本人である」場合であっても、夫婦のもう一方が日本

人である場合や、日本に常居所を有する場合には、原則通り25条によって準拠法を選択したとしても日本法が準拠法となります。このような場合には、27条ただし書の存在は準拠法決定に影響を与えていないということになるのです。27条ただし書が結論に影響するのは、夫婦の一方が日本に常居所を有する日本人で、夫婦のもう一方が外国に常居所を有する外国人の場合、ということになります。

　27条ただし書は、戸籍実務の便宜という観点から設けられたものです。離婚の準拠法は、裁判所において問題となる場合もありますが、離婚届が提出された場合には、それを受理してよいかどうかという観点から、戸籍事務の担当者が離婚準拠法を判断する必要が出てきます。戸籍事務担当者は、裁判所とは違い、提出書類に基づいて形式的に審査をしますから、最密接関係地法の認定は困難な作業です。27条ただし書は、このような戸籍実務の便宜という観点から、最密接関係地法の認定にともなう負担を軽減するために設けられたものです。これに加えて、27条ただし書にあてはまる場合には、実際にも最密接関係地法が日本法とされることも少なくないという指摘も可能でしょう。

　24条3項ただし書や27条ただし書は、日本人が関連する一定の場合について日本法の適用を規定しているという意味で、「**日本人条項**」と呼ばれます。日本人条項が採用されたことについては、それぞれ以上のような理由があるわけですが、上に紹介した、単に「日本法による」との規定と同様に、「内外国法の平等」という国際私法の原則を破るものとなっています。このような規定に

ついては、果たして本当にその必要があるのか、という立法論的な検証は常に必要だといえるでしょう。

5 連結点の基準時

この章の最後に、連結点の基準時について簡単にふれておきましょう。

この章でとりあげた「国籍」や「常居所」も含めて、あらゆる連結点は、時間の経過とともに変更される可能性があります。そのような変更が生じた場合に、どのような時点を基準として連結点の所在について判断するか、というのがここでとりあげる問題です。

通則法の規定の中には、「……の当時における」といった文言により、基準時について明文で定めているものがあります。嫡出親子関係の成立についての28条1項と、遺言についての37条1項をあげておきましょう。

> 28条① 夫婦の一方の本国法で子の出生の当時におけるものにより子が嫡出となるべきときは、その子は、嫡出である子とする。
> 37条① 遺言の成立及び効力は、その成立の当時における遺言者の本国法による。

明文の規定がない場合には、連結点の基準時は解釈で定めることになります。一般に、特定の時点で生じる問題については、連結点の基準時もその時点と解されています。たとえば、相続という問題は、被相続人の死亡によって生じる問題ですから、その基

準時は被相続人の死亡時と考えられているのです。

> 36条　相続は、被相続人の本国法による。

　被相続人の本国法を被相続人の死亡時を基準に判断しますから、被相続人が死亡の直前に本国法を変更した場合には、その変更後の本国法が相続準拠法とされることになります。

　同様の理由から、ある法律関係の成立については、連結点の基準時はその成立時点と解されます。婚姻の成立について通則法24条のいう「当事者の本国法」を判断する基準時は、婚姻時と解されます。同様に、婚姻関係の解消すなわち離婚に関する27条については、基準時は離婚時と解されます。婚姻の成立や婚姻関係の解消について、その後に連結点の所在が変更したことによって準拠法が変更され、それによって婚姻や離婚の当時は有効とされた婚姻の成立や離婚が無効とされるのは妥当でないからです。

　これに対して、婚姻や親子といった継続的な関係の効力については、時間の経過とともにそれが変更されることは十分に考えられます。たとえば、親子関係の効力としての親子間の法律関係については、時間が経過し、親子の本国法や子の常居所地法が変更されると、準拠法も変更されることになるのです。

------ この章のポイント ------

☑日本では、人の能力や家族法・相続法上の問題について、本国法主義がとられています。

☑国籍という連結点の第1の特徴として、日本の国際私法が決定できるものではない、という点があります。

☑重国籍者については、その複数の国の中から、①日本法、②常居所地法、③最密接関係地法、の順に検討して本国法を決定します。

☑無国籍者については、本国法によることはできないので、常居所地法によります。

☑常居所は国際私法上の連結点として用いられる独特の概念ですが、日本では住所とほぼ同じ内容の概念ということができます。

☑特定の要素に着目して準拠法を決定することがむずかしい場合に、「最も密接な関係がある地の法による」とされることがあります。

☑国際私法においては、内外国法の平等が原則とされますが、日本の国際私法においても、例外的に、日本法の優先的適用を定める規定が置かれています。

☑連結点の基準時について明文で規定されていない場合には、

解釈によって判断されます。特定の時点の連結点により準拠法を定めるべきものとされる場合と、連結点の変更にともなって準拠法も変更されると解される場合とがあります。

第Ⅵ章　結局どの法によるのかな
——準拠実質法の特定のお話——

　ここまでの道のりをふり返ってみましょう。
　第Ⅲ章で、それぞれの準拠法選択規則が規定している「単位法律関係」と、特定の法的問題がそのいずれの単位法律関係に含まれるのかを判断する「性質決定」について学びました。これによって、いずれの準拠法選択規則によって準拠法を選択するのかが確定したことになります。
　第Ⅳ章と第Ⅴ章では、それぞれの準拠法選択規則が採用した「連結点」について、複数の連結点の組み合わせや、代表的な連結点の意義などについて学びました。第Ⅴ章までで、連結点の所在が明らかになりましたから、あとは「その地の法による」ということになります。
　というわけで、ここまでくれば準拠法の決定について大きな問題は何も残っていないのが普通です。
　しかし、そうでもない場合がある……ということで、この第Ⅵ章では、連結点の所在が明らかになったにもかかわらず、いかなる法を準拠法として適用するかが改めて問題となるような、例外的な場合についてとりあげたいと思います。
　準拠法選択の旅に出て電車に乗った私たちは、無事電車から降りることができました。準拠法という目的地に向けて歩いていくことにしましょう。

1 連結点による準拠法の指定

準拠法選択規則に規定されている連結点が確定すれば、連結点が指し示す「場所」に妥当している法を準拠法として適用すればよいということになります。たとえば「その原因となる事実が発生した地の法による」（通則法14条）のであれば、連結点である原因事実発生地を「東京都新宿区内の○○」などと確定し、あとはその場所（新宿区内の○○）において妥当している法、すなわち日本法を準拠法として適用すればよいのです。

第Ⅱ章で国際私法の特徴を説明する際に、世界地図の各国がそれぞれロッカーになっているロッカールームのたとえ話をしたのを覚えていますか（29頁）。連結点の場所が「ここ」と決まったのですから、あとは、その場所にあるロッカーを開けて、中に入っている法規範を取り出し、それを適用すればよい、というわけです。

しかし、連結点の場所が確定しても、いかなる法を準拠法として適用すべきかが問題となる場合もないわけではありません。この第Ⅵ章では、そのような例外的な場合を3つとりあげて検討したいと思います。

2 不統一法国法の問題

●連結点としての
　国籍による指定

連結点は、通常の場合、世界地図の中の一点を指し示します。先ほどあげた原因事実発生地、目的物の所在地、常居所、いずれの連結点でもそうなり

ます。そして、その地点に妥当している法を準拠法として選択することになるわけです。

ところが、「連結点が指し示す場所は1つの点」という原則は、連結点が国籍の場合にはあてはまりません。連結点が国籍の場合には、それによって指定されるのは地図の中の一点ではなく、一定の広がりをもった1つの国家だからです。

これが、連結点としての国籍の第2の特徴ということになります。第Ⅴ章で述べた第1の特徴とあわせて、ここでまとめておきましょう。

【連結点としての国籍の特徴】
1．連結点の所在を日本が確定することはできない。
2．連結点が指し示すものが広がりをもった1つの国家である。

ところでみなさんは、第Ⅱ章で「法域」という言葉が出てきたことを覚えていますか（27頁）。そう、1つの法体系の支配を受ける地域のことでしたね。1つの国家の中に、複数の法域が存在する場合、そのような国家を**地域的不統一法国**といいます。

地域的不統一法国の代表は、アメリカ合衆国です。アメリカ合衆国は、"United States"という名のとおり、州（state）が集まって作られた国家です。それぞれの州は、日本の県などとは比べものにならないほど強い権限をもっています。連邦憲法修正第10条が、「憲法によって合衆国に委ねられていない権限、憲法によって州に対して禁止されていない権限は、各州または人民に留保されている」と規定しているところからわかるとおり、国家が有

すべきさまざまな権限は、むしろ州が有しているのが原則とされているのです。したがって、連邦憲法に規定されていない、日本であれば民法や商法で規定されているような事項については、アメリカ合衆国では各州がそれぞれ法を定めています。つまり、アメリカ合衆国においては、原則として各州がそれぞれ独立した法域ということになります。

このような地域的不統一法国の国籍を有する者については、「その本国法による」としても、国籍が指し示す「国家」の中に存在する複数の「法域」のいずれの法によるかを判断しなければ、準拠法を特定したことにはなりません。あるアメリカ人について、連結点である国籍に従って「アメリカ合衆国法による」というだけでは、準拠法を決定したことにはならず、どの州の法によるのかを特定する必要があるというわけです。

●**本国が地域的不統一法国である場合**　このような問題、すなわち指定された本国が地域的不統一法国である場合に、本国に存在する複数の法域のいずれを当事者の本国法として適用するのかといった問題についても、通則法はしっかりと規定を用意しています。さすが日本の立法者、用意周到です。通則法38条3項をご覧ください。

> 38条③　当事者が地域により法を異にする国の国籍を有する場合には、その国の規則に従い指定される法（そのような規則がない場合にあっては、当事者に最も密接な関係がある地域の法）を当事者の本国法とする。

このように、通則法は、地域的不統一法国の国籍を有する者については、まず「**その国の規則に従い指定される法**」を、その本国法とする、と規定しました。その国に存在する複数の法域のいずれをその者の本国法として適用するのかという問題について、その国自身の判断に委ねた、というわけです。

　ここで、「その国の規則に従い指定される法」とは、あくまでも、その本国の中に存在する複数の地域の法のいずれかを意味すると解されています。その国以外の国（第三国や日本）の法が本国法とされることはありません。そのことは、38条3項が「法」を異にする国について、その国の規則に従い指定される「法」を当事者の本国法とすると規定していることから文言上も示されています。また、そもそもこの規定は、日本の国際私法が「本国法」によるとしていて、その「本国法」が複数に分かれて存在している場合に、「そのどれによるのか」を問題にしているものであるという点も、そう解すべき理由となるでしょう。

　ロッカールームのたとえ話でいえば、地域的不統一法国というのは、連結点に指定されたロッカーを開いたところ、そのロッカーの中が複数の小さいロッカーに分かれている場合にたとえることができます。ここですべきことは、「複数の小さいロッカーから1つを選ぶ」ことであって、「ロッカーを改めて選び直す」ことではないのです。

　したがってたとえば、仮にアメリカ合衆国にこのような規則が存在し、その規則がメキシコ法を指定していたとしても、メキシコ法がこのアメリカ人の本国法となるわけではありません。アメ

リカ人の本国法は、あくまでも、アメリカ合衆国の中から指定されなければならないとされるのです。

ところで、アメリカ合衆国には、そのような「規則」はあるのでしょうか。この点は、争いがあるところなのですが、どちらかというと、アメリカ合衆国にはそのような規則は存在しないと考える立場が強いようです。というのは、アメリカ合衆国では、州ごとに民法や商法が異なるのと同様に、州ごとに国際私法の内容が異なるからです。アメリカでは、「国際」問題よりも、州ごとの法律の違いによって生じる「州際」問題の方がより深刻ですが、アメリカでは「州際私法」も州ごとに違う、というわけです。そのため、アメリカ合衆国には国家としての統一的な「規則」は存在しないと考えられているのです。

以上、かなり端折った説明をしました。実は、そもそもここでいう「規則」の意義についてもいろいろな議論があるところなのです。しかし、そのあたりはこの本では扱うことはできません。

さて、通則法38条3項は、「そのような規則がない場合」について、かっこ内で**当事者に最も密接な関係がある地域の法**」を当事者の本国法とする、としています。その国に規則がないのであれば、その国に判断を委ねることはできません。日本が独自に、その国内にある複数の法域から1つを選んで、その法を、その人の本国法として適用することにする必要があります。その場合に、日本が何を基準にして1つの法域を選択するか、その判断基準を一概に定めるのはむずかしいので、「最も密接な関係」という抽象的な要素が基準とされた、というわけです。

38条3項のかっこ内による場合でも、本国法とされるのは、当該国の中の特定の法域、ということになります。こちらについては「地域の」という文言が条文に入っていますから、条文上も、より明確ですね。

●いわゆる人的不統一　　さて、通則法には、以上で説明した38
　法国の問題　　　　　　条3項とほとんど同じ条文が、もう1つ置かれています。40条1項をご覧ください。

> 40条①　当事者が人的に法を異にする国の国籍を有する場合には、その国の規則に従い指定される法（そのような規則がない場合にあっては、当事者に最も密接な関係がある法）を当事者の本国法とする。

　38条3項と40条1項とを並べてみると、その文言がほとんど同一であることに気づくと思います。2つの条文の違いは、

　　地域により──→人的に
　　地域の法　──→法

という、たった2箇所にあるだけです。

　40条1項は、本国法とされた国の中に、地域的にではなく、「人的に」複数の「法」が存在するような場合について、その人の本国法として適用すべき法を決定するための規定です。

　1つの国家の中に、人的グループごとに、それぞれ異なる法が存在するような場合、そのような国家を **人的不統一法国** といいます。具体的には、たとえばインドやインドネシアのように、その

第Ⅵ章　結局どの法によるのかな　　123

人が信仰する宗教によって異なる内容の家族法を有する国を念頭に、このような規定が作られたと考えられます。

人的不統一法国について、40条1項は、地域的不統一法国についての38条3項とほぼ同じ文言を採用しました。このように、通則法は、地域的不統一法国についての考え方を、そのまま人的不統一法国にも及ぼしたのです。これは、実はさまざまな議論の種となってしまっていますが、この本では、やはりふれないでおきます。

人的不統一法国の問題は、連結点が国籍である場合にのみ生じるものではありません。そこで、40条2項は、常居所地法による場合や、夫婦の最密接関係地法による場合について、40条1項を準用しています。とはいえ、人的不統一法国が実際に問題となるのは、家族法分野の分野に限られます。そこで、40条2項は、その適用範囲を、当事者の常居所地法による場合一般ではなく、そこに列挙されたものに限定しているというわけです。

3 準拠法の不存在

連結点の場所が確定しても適用すべき準拠法が定まらない場合としては、連結点が指し示す地に、いかなる法も妥当していない場合もあげることができます。その地が、いずれの法域にも含まれない場合、いわば法がないという場合です。具体的には、連結点が公海や南極などに所在する場合がこれにあたります。

国際私法の教科書をみると、南極大陸で、A国人YがB国人Xを殴り、Xが怪我をした場合、XからYに対する損害賠償請求権

の有無などについてはいかなる法によって判断するか、というような問題が紹介されているかもしれません。このような損害賠償請求権に関しては、不法行為の問題として、原則として通則法17条によって準拠法を決定すべきことになります。

> 17条　不法行為によって生ずる債権の成立及び効力は、加害行為の結果が発生した地の法による。ただし、その地における結果の発生が通常予見することのできないものであったときは、加害行為が行われた地の法による。

これによると、「加害行為の結果が発生した地」あるいは「加害行為が行われた地」の法によることになりますが、この事例の場合、「加害行為の結果が発生した地」はXが殴られて怪我をした地、「加害行為が行われた地」はYが殴った地ということで、いずれの地も南極大陸にあることになりますが、その地にはいかなる法も妥当していないのです。

同じように、公海に置かれた海底ケーブルを誰かが損壊した場合の損害賠償についても、準拠法を決めるのは簡単ではありません。いや、そもそも、海底ケーブルの所有権者が誰かを判断する準拠法も、通則法13条によれば、「その目的物の所在地法」によることになるのですが、その地である公海は、まさに「公」海ですから、そこではいずれの国の法も妥当していないのです。

このような問題については、用意周到な日本の立法者も、さすがに明文の規定を置いていません。したがって、仮にこの点が問題となった場合には、何らかの「解釈」によって準拠法を定める

ことになります。しかし、このような場合に特定の法域を準拠法とするような解釈を説得的な理由をつけて提示することは困難といわざるをえません。

このような場合には、結局、どうしようもないということで、日本法を適用して紛争を解決するということもやむをえないのかもしれません。

4 準拠法指定の意義と反致の理論

● 「準拠法による」ことの意義　さて、以上で説明したような場合、つまり本国法を指定したところその国が不統一法国である場合や、連結点が指し示す地が公海や南極にある場合といった例外的な場合を除けば、連結点が確定すると、その地に妥当している法を準拠法として適用すればよい、ということになるわけです。ロッカールームのたとえでは、「その場所のロッカーを開いて、中のルールを取り出す」と説明しましたね。

ところで、改めて考えた場合、「ある国の法を準拠法とする」「準拠法としてある国の法を適用する」というのはいったいどういう意味なのでしょうか。

ここでは非常に大雑把に、「これについては2つの考え方があります」と説明することにします。

1つの考え方は、「その国の実質法を適用すること」というものです。実質法とは、民法や商法といった、紛争解決の具体的基準となる規範のことでしたね。ドイツ法によるというのはドイツの民法などを適用すること、フランス法によるというのはフラン

スの民法などを適用すること、というのは、確かに1つの素直な考え方だと思います。

　もう1つの考え方としては、「当該紛争に対して、その国の裁判所と同様の解決を与えること」というものがあります。ドイツ法によるというのはドイツの裁判所がするように紛争を解決すること、フランス法によるというのはフランスの裁判所が与えるような解決を与えること、という理解です。そういわれると、そんな気もしますよね。

　この2つの考え方、どこに違いがあるのでしょうか。実は、大きく異なる点が1つあります。それは、「その国の国際私法を適用するか？」という点です。

　前者の「実質法を適用すること」という考え方によりますと、実質法のみを適用するのですから、その国の国際私法は適用しないことになります。これに対して、後者の考え方に従って「その国の裁判所と同じ解決を与える」ためには、その国の裁判所が適用するところの、その国の国際私法も適用する必要があります。「ドイツの裁判所がするように」紛争を解決するには、まず、ドイツ国際私法によって準拠法を決定する必要がある、というわけです。

　この問題、ロッカールームのたとえでいいますと、「ロッカーの中に入っている、その国の国際私法も見るのでしょうか？」という問題ということになります。ロッカーの中の国際私法は、他の実質法とは区別された存在ですから、イメージとしますと、ロッカーの扉を開いたところ、その扉の裏側に、「あっちのロッカ

ーを使え」と書いてあった場合に、それに従うかどうかの問題、ということになるでしょうか。

　これは、連結点まで確定した後の段階における、「結局使うのはどのロッカーなのか」という問題として、つまりは「最終的にどの法を準拠法として適用するのか」という問題として、不統一法国の問題などと共通する面があると思います。そこで、この章で扱う話題、「連結点の場所が確定してもいかなる法を準拠法として適用すべきかが問題となる場合」の最後に、この点をとりあげることにしました。

● 「反致」という概念　　ここで、国際私法の業界用語の中でも有名な**「反致」**という言葉について説明しましょう。少々まぎらわしい言葉なので、できれば説明しないで済ませたいのですが、反致について説明のない国際私法の入門書というのも、落丁あり！といわれそうですしね。

　反致について理解する前提として、まず**「送致」**という言葉を紹介します。法律用語としての「送致」がもっとも使われるのは、刑事事件手続でしょうか。検察官に送致するとか、（家庭）裁判所に送致するなどというと、その機関に送り届け、その機関の判断に委ねるというような意味になると思います。このあたり、正確なところは、刑事訴訟法などで勉強してください。

　この「送致」という言葉、国際私法では「準拠法への送致」というように使います。この場合の「送致」は、ある問題について、特定の準拠法の判断に委ねること、というような意味です。「離婚準拠法であるドイツ法に送致される」などと書くと、かっこい

い感じ、しませんか。

　そして、「反致」とは、送致が反射するというようなイメージをもつ言葉です。日本の国際私法がＡ国法を指定した（Ａ国法への送致）ところ、Ａ国の国際私法がＢ国法を指定した（Ａ国国際私法によるＢ国法への送致）というような場合に、Ｂ国法を適用する、というのが反致の考え方です。日本から放たれた光がＡ国の鏡にあたって反射し、Ｂ国を照らす、といった様子を思い浮かべていただくと、反致のイメージがつかめると思います。

　もう少しだけ厳密に定義しますと、「反致」とは、国際私法によって指定された法における国際私法を適用して準拠法を決定することを意味します。ちなみに反致を意味する言葉としては、英語でも、フランス語の"renvoi"という言葉を、そのまま用いることが多いようです。

　この反致という言葉、「反」という字から想像するのは、反射して返ってくることではないでしょうか。実際、鏡による反射が自分のところに戻ってくる場合に限って、「反致」という言葉を使う用法もあります。これを「**狭義の反致**」といいます。狭義の反致とは、国際私法によって指定された法における国際私法を適用して自国法を適用すること、ということになるでしょう。これに対して、上に説明したような一般的な反致を「**広義の反致**」といいます。

　後に説明しますように、日本では、一定の場合に限って、しかも狭義の反致のみを認めているのですが、反致についての一般的な説明をもう少し続けたいと思います。

● **反致を一般的に認めることへの批判**　ここまで、まず、ある国の法を準拠法とすることの意味を考え（126頁以下）、次に、反致という言葉の意味を説明しました（128頁以下）。これらの説明から、「ある国の法による」ということを「ある国の裁判所と同様に紛争を解決すること」と考えるということは、広義の反致を一般的に認めることである、ということは理解できると思います。よろしいでしょうか。

では、ある国の法を準拠法とすることの意義をこのように考えること、すなわち広義の反致を一般的に認めることは妥当なのでしょうか。

この点は、妥当ではない、と考えられています。単純な例で考えてみましょう。

ある問題について、日本の国際私法がA国法を指定しており、A国の国際私法が日本法を指定しているとします。この問題は、日本の国際私法によればA国法に送致され、A国の国際私法によれば日本法に送致される、というわけです。

ここで、広義の反致を一般的に肯定し、「ある国の法によるというのはその裁判所と同様に紛争を解決することだ」と考えますと、日本の裁判所は、まずA国の国際私法をみることになります。ところが、ここで、「ある国の法によるというのはその裁判所と同様に紛争を解決することだ」と一般的に考えますと、A国の国際私法による日本法への送致も同じように「日本の裁判所と同様に紛争を解決すること」と理解すべきことになります。

日本の国際私法はまずA国の国際私法をみるといい、A国の国

際私法はまず日本の国際私法をみるという。すると……ここで気づきましたか？ そう、それでは、いつまで経っても、「結局のところ何法によるのか？」を決めることができないのです。

　これは、イメージとしては、カップルで２人とも「あなたの判断に従います」といっているようなものでしょうか。レストランに入って、「何食べる？」「君の好きなものを一緒に食べたいな」「私も、あなたの好きなものを一緒に食べたい！」お互いにそういってなかなか注文を決められないというのは、カップルであれば微笑ましい（？）姿なのかもしれませんが、これではいつまで経っても注文は決まりませんよね。

　反致を肯定し、２つの国の国際私法がどちらも鏡を相手に向けていると、光は、鏡の間を永遠に行ったり来たりすることになってしまいます。それでは困ります。

● **反致の根拠**　このように、広義の反致を一般的に認めることは、理論的には問題があると考えられています。

　しかし、それでも反致という考えが支持されるのは、反致には実際上の根拠・メリットがあるとされるからです。そのような根拠として、これまた大雑把にいいますと、２つの点があげられます。

　第１にあげられるのは、日本が反致という考え方をとることで、他国との準拠法選択の一致が可能となる、という点です。たとえば、日本とA国とに関連する民事紛争について、日本とA国とがそれぞれ相手の国の法を準拠法として指定していると仮定しましょう。

日本の国際私法 ──→ A国法

A国の国際私法 ──→ 日本法

　このような場合に、日本もA国も反致という考え方をとらないと、日本とA国とでは、異なる法が準拠法とされることになります。しかし、日本が反致の考え方をとりますと、日本においてもA国においても日本法が準拠法となります。日本が反致の考え方をとることで関係国における準拠法選択が一致する、というわけです。

　複数の国に関連する民事紛争について、関連するどの国においても同じ法が準拠法として適用される、ということは、当事者の立場からすると、どの国においても同じ法が準拠法とされること、そしてそれを通じて同じ結論が得られることを意味します。反対に、国によって適用される準拠法が異なると、同一の問題（たとえば、婚姻が有効に成立したといえるか否か）について異なる結論が導かれ、各国の判断が相互に矛盾する可能性があります。たとえば、ある婚姻を有効として2人を夫婦と扱う国と、無効として2人を他人と扱う国がある可能性が出てきてしまうのです。ある民事紛争について、各国が相互に矛盾する判断を下すことになりますと、その狭間で紛争当事者の法的地位が不安定なものとなってしまいます。このような観点から、日本においても関係する他国においても同じ法が準拠法とされるのは望ましいことであると考えられています。

　関係する複数の国で準拠法選択の結果が一致することを「**判決**

の国際的調和」という言葉で表現することもあります。日本が反致を肯定することで、日本と関係する国との間で準拠法選択の結果が一致することがあるというわけで、反致主義の根拠として、判決の国際的調和に資する、という点があげられるのです。ちなみにこの「判決の国際的調和」という言葉は、この本ではほとんど出てきませんが、国際私法をさらに勉強する場合には、覚えておくとよい言葉です。

　さて、反致、特に狭義の反致が支持されるもう1つの理由は、「日本法が適用されるから」です。

　こういってしまうと身も蓋もありませんが、準拠法として外国法を適用することは、なかなか大変です。外国法の内容を調べることには時間もかかりますし、専門家に調査を依頼すると費用もかかります。理解するのは困難ですし、それでいて、肝心なことは「解釈に争いがある」とか「判例上決着がついていない」などとされよくわからないことがあります。

　そんな面倒を避ける方法があるのであれば、つまり「日本法を適用してもいいよ」といってもらえるのであれば、日本法を準拠法とした方が、裁判所にとっても関係当事者にとっても都合がよい、ということは少なくないでしょう。このような観点を強調すると、「日本の国際私法がA国法を指定した。しかし、A国の国際私法が日本法を指定している。この場合、反致という大義名分があるのであれば、日本法を適用すればよいではないか、A国だってそれに賛成しているのに、わざわざ面倒な外国法を適用する必要はないではないか」ということになりそうです。

第Ⅵ章　結局どの法によるのかな

たしかに、日本では日本法を適用する方が何かと便利というのはその通りです。ただ、その点は、準拠法選択規則において何を連結点とするかを決める立法の際に考慮したはずの要素ということができるでしょう。たとえば、離婚準拠法についての通則法27条ただし書は、いわば戸籍実務における「便利さ」を考慮して置かれた規定だという点は、第Ⅴ章で説明したとおりです（112頁）。

　すると、通則法によって準拠法が外国法とされた場合には、日本は、さまざまな点を考慮したうえで、当該外国法を準拠法とすることが妥当であると判断したはずです。それにもかかわらず、反致によって、つまり日本の国際私法よりも外国国際私法の判断を優先させることで、日本法を準拠法とすることには疑問も残るところです。

　このように、反致が支持される実際的な理由としては、「判決の国際的調和」と、特に狭義の反致について「日本法の適用」という点があげられますが、反致の根拠となりうるのは、主に前者の「判決の国際的調和」という点であると考えられています。

　以上、ここまでは日本の国際私法を離れて、一般的に、反致の意義やその根拠についての議論を紹介しました。

5　日本における反致

　さて、日本の国際私法は、反致についてどのような立場をとっているでしょうか。これについては、通則法41条が規定しています。

> 41条　当事者の本国法によるべき場合において、その国の法に従えば日本法によるべきときは、日本法による。ただし、第25条（第26条第1項及び第27条において準用する場合を含む。）又は第32条の規定により当事者の本国法によるべき場合は、この限りでない。

　41条本文は、「当事者の本国法によるべき場合」「その国の法に従えば日本法によるべきとき」という2つの要件をみたす場合には、「日本法による」としています。「その国の法に従えば日本法によるべきとき」には「日本法による」というのですから、この規定は、**狭義の反致**を規定したものです。狭義の反致を、「当事者の本国法によるべき場合」であって、しかもただし書に該当しない場合に認めているのが41条というわけです。

　ここでは、41条の規定する各要件について、「当事者の本国法によるべき場合」「その国の法に従えば日本法によるべきとき」「ただし書に該当しないこと」の順に確認することにしましょう。そして最後に、41条の効果について一言ふれることにします。

●**当事者の本国法によるべき場合**　通則法41条は、当事者の本国法によるべき場合にのみ狭義の反致を認めています。反致という考え方をとるべきか否かは、理論的には、連結点が国籍か否かと直接関連するものではありません。それにもかかわらず、通則法は、当事者の本国法によるべき場合にのみ反致を認めることとしました。平成元年改正前の法例においては、人の能力や家族法上の問題について、もっぱら当事者の本国法によると規定さ

れており、そのような、いわば極端な本国法主義を修正するために反致の規定が置かれた、とも説明されています。

当事者の本国法による「べき」場合、というのが要件ですから、たとえば、加害者も被害者もドイツ人であるような不法行為について通則法17条が適用され、結果発生地がドイツにあることからドイツ法が準拠法とされた場合、などというのは含まれません。通則法によって「本国法による」ものとされている場合のみがこれにあたります。

●その国の法に従えば日本法によるべきとき

通則法41条は、その国の国際私法が日本法を指定していること、すなわちその国の国際私法によれば日本法への送致がなされることを要件としています。繰り返しになりますが、これは狭義の反致を採用したものです。

ここで、その国の国際私法が日本法を指定しているか否かは、あくまでもその国の国際私法の解釈によって決まります。ですから、たとえば、その国の国際私法が「住所地法による」としている場合、そこでいう「住所地」の意味内容についても、その国の国際私法が決定します。それを日本の住所概念によって定めることはできません。

本国の国際私法が、日本法を指定しつつ、反致を肯定している場合にはどう考えるべきでしょうか。日本も本国も反致を肯定している場合には、下手をすると、先に述べたような、「お互いにあなた任せで何も決められない」状況になってしまいます。そこで、従来は、本国の国際私法が日本法を指定しているか否かにつ

いては、本国の国際私法の反致規定は考慮しないで判断すべきであるとする見解が多かったと思います。これに対し現在では、結局のところ本国において日本法が適用されるか否かで判断しよう、という見解が増えてきているようです。

●ただし書による反致の否定　　通則法41条ただし書は、25条または32条による場合には、「この限りでない」として、反致を否定しています。

25条または32条といえば、そこでは同じ連結方法がとられていました。覚えていますか？　そう、段階的連結です。

このただし書は、平成元年の法例改正において、段階的連結と同時に導入されたものです。段階的連結においては、複数の者の共通の要素に着目して準拠法を定めるものとされました。日本として、このように慎重に準拠法を定めたにもかかわらず、外国の国際私法によって、関係する特定の者（たとえば、「夫」や「親」）のみが有する要素（たとえば、住所）によって日本法への反致を肯定するのは妥当ではない、とされたのです。このただし書にはまた、当時の改正によって達成された両性の平等という理念が、反致によって損なわれることを問題視した、という面もあるといわれています。

なお、ただし書は、段階的連結のみをあげています。この文言からすると、通則法が選択的連結や配分的連結を採用しているような単位法律関係については、反致はされることになります。

これに対して、学説の中には、選択的連結の場合について一般的に、あるいは反致により選択的連結の選択肢の数が減少する場

第Ⅵ章　結局どの法によるのかな　　137

合について、反致を否定する見解もあります。反致を肯定することで、選択的連結によってその成立を容易にした趣旨が害されることになるのは妥当でないとするものです。ただ、このような学説は、「準拠法指定の趣旨と相容れない」場合に反致を否定するドイツ国際私法のもとでの議論の影響を受けているとの指摘も可能でしょう。通則法41条ただし書は、ドイツ国際私法とは異なり、反致すべきでない場合を具体的に列挙していますから、選択的連結の趣旨といった実質に着目する議論は、日本ではやや分が悪いかもしれません。

● **日本法による**　最後に、通則法41条の効果を確認しておきます。41条の要件をみたす場合、その効果は「日本法による」こと、つまり準拠法として日本法が適用されること、ということになります。

これに対して、41条の要件をみたさない場合には、日本法による、ということはありません。するとどうなるかといいますと、通則法によって指定された法がそのまま準拠法として適用されることになります。

具体例で確認しましょう。日本の国際私法により、ある者の本国法であるA国法が指定されたとします。その場合、A国の国際私法によって日本法が指定されていれば、通則法41条ただし書に該当しないかぎり日本法が適用されます。しかし、A国の国際私法によってたとえばB国法が指定されている場合には、日本では、日本法でもB国法ではなく、A国法（A国の実質法）が準拠法として適用されるのです。

ここで仮に、日本の国際私法が「広義の反致」も認めていたとしたならば、日本においてはA国の国際私法に従ってB国法を適用することになります。しかし、日本が認めているのは狭義の反致のみです。したがって、A国の国際私法が日本法を指定していれば日本法を適用しますが、A国の国際私法が日本法を指定していなければ、A国の国際私法は無視するというわけです。つまり、A国の国際私法がB国法を指定していても、C国法を指定していても、はたまたA国法自身を指定していても、それには関係なく、日本ではA国法を準拠法として適用するのです。日本の国際私法によって放たれた光が、A国の国際私法という鏡によって日本に戻ってくれば日本法を適用しますが、日本に戻ってこない限りは、A国国際私法という鏡によってどこに反射されたかは問うことなく、日本ではA国法を準拠法とする、というわけです。

.······························ この章のポイント ······························.

☑連結点としての国籍の第2の特徴は、連結点が指し示すものが1つの場所ではなく1つの国家であることです。

☑当事者の本国法が地域的不統一法国である場合、その者の本国法は、原則としてその本国の規則に従って決定されますが、そのような規則がない場合には、その本国にある最密接関係地域の法が本国法とされます。

☑通則法は、当事者の本国法等が人的不統一法国である場合

についても、その者の本国法を、地域的不統一法国の場合と同様に決定するものとしています。

☑反致とは、広義では、送致先の国の国際私法によって準拠法を定めることを意味します。狭義では、送致先の国の国際私法によって自国法が指定された場合に自国法を準拠法とすることに限って反致と呼びます。

☑反致の最大の根拠は、判決の国際的調和という点にあります。

☑通則法は、当事者の本国法によるべき場合について、段階的連結が採用された単位法律関係を除き、狭義の反致を認めています。

第Ⅶ章　そして紛争を解決する
――準拠法の適用のお話――

　第Ⅵ章までで、国際民事紛争に適用すべき法、すなわち準拠法が確定しました。ついに、準拠法という目的地に到着したわけです。準拠法が決まったのですから、さあ、あとは、それを適用すればよいだけです。

　「これにて一件落着！」といいたいところですが、この準拠法の適用段階でも、判断に迷うような問題が生じることがあります。準拠法の選択過程では「暗闇への跳躍」ということでみてこなかった具体的な各国の実質法（民法や商法など）をみることで、改めて「あれ、こういうときはどうしたらいいのかな？」と迷うことがあるのです。準拠法の適用という、準拠法選択プロセスの集大成の場面になって、はじめてみえてくる問題は少なくありません。

　それらの問題の中には、準拠法選択についての「総合問題」あるいは「応用問題」ということで、解決が困難なものもあります。この第Ⅶ章では、それらの問題の中から、入門書でとりあげるのにふさわしい２つの問題について、簡単に検討したいと思います。

　準拠法選択の長い旅も、ようやく目的地である準拠法にたどり着きました。その風景を味わいながら、ここまでの旅をふり返ってみましょう。

1 準拠法への送致範囲の画定

性質決定、連結点の確定、そして必要な場合には準拠法の特定も経て、ようやく準拠法が確定しました。あとは、それを適用するだけ、ということになります。

さて、今、準拠法を「適用するだけ」と書きましたが、具体的に、準拠法のどの規定を適用したらよいのでしょうか。準拠法として適用されるドイツ法、韓国法、日本法といったそれぞれの実質法には無数の規範が存在します。その中から何を適用すればよいのでしょう。

ロッカールームのたとえ話では、使用するロッカーを決めたら、そのロッカーの中に入っている法規範を取り出し、それを適用する、といいました（29頁）。それでは、ロッカーの中にある膨大な法規範のどれを適用すればよいのか、というのがここでの問題です。

ある準拠実質法を適用するとした場合に、具体的に、準拠実質法上のどのようなルールが適用されるのか、その範囲の問題を、**「準拠法への送致範囲の画定」**の問題と呼ぶことがあります。当該準拠法に送致する範囲、つまりその準拠法の判断に委ねる範囲の限界を画するということです。

準拠法の適用段階における問題として、まずはこの点を考えてみましょう。

●**基本的な考え方**　　一般にこの点は、準拠法選択プロセスの最初に行う性質決定にさかのぼって考えるべ

き問題であるとされています。

　性質決定においては、ある法的問題について、それがいずれの単位法律関係に含まれるものであるのかが判断されます。そして、準拠法を適用する際には、そのような単位法律関係に含まれると判断された法的問題についての解答を、その準拠法から探すことになるのです。

　たとえば、第Ⅱ章では、「亡くなったアラン氏の甥ジャン君が、アラン氏の財産を取得できるか」という法的問題について、通則法36条の「相続」という単位法律関係にあたると性質決定しました。その結果、この問題の準拠法を被相続人アラン氏の本国法であるフランス法と判断したのでしたね。そうなると、ここでの法的問題、つまり、「ジャン君がアラン氏の財産を取得できるか」についての答えをフランス法から探すことになります。その場合、「相続」という単位法律関係に含まれるその他の法的問題、たとえば、「ジャン君はアラン氏の有していた財産をどの程度の割合で相続するのか」、あるいは「財産を他の相続人とどのように分けるか」といった問題についても、同じように、その答えをフランス法から見つけ出すことになるのです。

　ある法的問題をどのような性質の問題と考えるか、という点についての判断が、日本の国際私法と、準拠法として指定された法との間で異なることも考えられます。しかし、その法的問題が準拠法においてどのような性質のものとされていても、その法的問題についての答えは、その準拠法から見つけ出すということになります。

たとえば、相続の準拠法と物権の準拠法との適用関係が問題となったとしましょう。日本の国際私法が、ある法的問題を「相続」という単位法律関係にあたると判断した場合でも、相続の準拠法が、同じ問題を「物権」の問題と考えている可能性もあります。そのような場合には、相続の準拠法上の物権に関する規定を適用して、その法的問題に答えることになります。

　反対に、ある法的問題について、日本の国際私法が通則法13条の「動産又は不動産に関する物権及びその他の登記をすべき権利」（ここでは簡単に「物権」ということにします）にあたると性質決定した場合には、仮に相続の準拠法が、「この問題は相続問題と考えるべきである」としていたとしても、その法的問題については物権の準拠法を適用して解決するということになります。

　このように、**準拠法への送致範囲の画定の問題は性質決定の段階ですでに判断されている**のであり、準拠法の適用の段階においては解決すべき新たな問題は生じないということになります。

●若干の具体例

　以上の説明は当たり前なような気がします。そもそも何が問題なのか、どうもピンと来ません。あるいは、「準拠法の適用の段階では問題が生じないのであれば、なぜここでとりあげるのか？」という疑問をもつかもしれません。

　しかし、実際には、準拠法の適用の段階で疑問を感じることもあるのです。具体例をあげて考えてみましょう。

【例その1：消滅時効】

　原告Xが被告Yに対して、準拠法をA国法とする契約上の債務

の履行を求めて、日本で訴えを提起したとします。これに対してYが「そんな昔の債務を履行する義務はない」と主張したとすると、「一定期間が経過したことによって債務を履行する義務が消滅したといえるかどうか」が問題となります。このような法的問題の性質決定では、これが債権債務関係の準拠法によるべき実体問題なのか、それとも「期間の経過により訴えることができなくなる」という手続法上の問題なのか、が問題となります。これを手続法上の問題だと性質決定すると、「手続は法廷地法による」という原則により、法廷地法（ここでは日本法）によることになります（48頁以下をご覧ください）。しかし、この問題は、債権債務の内容に関わるものであることから、実体問題と性質決定することが一般的です。すると、この点については、その債権債務関係の準拠法（ここではA国法）によることになります。

ところが、その債権債務関係の準拠法では、「そのような問題は手続問題である」とされ、一定期間が経過するとその債権に基づいて訴えを提起して履行を求めることができなくなるとしていた場合にはどうなるでしょう。そのような、準拠法において手続法的なものとされる規定は適用されるのでしょうか。

この問題を「送致範囲」という言葉を使って表現しますと、「ある法的問題を、実体問題として特定の準拠法に送致した場合、その法的問題に関して当該準拠法が手続法的に規律していた場合、そのような手続法上の規定は、送致範囲に含まれるか」ということになります。

東京地判平成14・2・26（平成9年(ワ)第25412号）は、国際私法

上興味深い論点をいくつも含む著名な裁判例ですが、そこでの争点の1つは、保険金請求権の消滅時効でした。実体問題の準拠法である英国法では、その点が訴訟法上の制度と考えられていたことについて、東京地裁は次のように述べています。

> 消滅時効については、日本法では実体法上の制度として位置付けられているところ、英国法においては、実体法上の権利は時間の経過によっても消滅せず、ただ一定期間を経過した場合は訴訟上それを訴求できない、出訴期間という訴訟法上の制度として規定されているため、その性質が問題となる。しかし、我が国の国際私法の解釈としては、消滅時効の問題は、与えられた債権関係において、債権者がその債権を長期間行使しなかったときは、いかになるべきかという債権そのものの運命に関するものにほかならないから、実体法上の制度として性質決定すべきである。そして、消滅時効に関しては、……英国法が適用されるが、その適用においては、英国法上の出訴期間の制度を実体法上の制度に準じて適用すべきである。

この判決は、先の問いに、YES と答えています。つまり、準拠法において手続法的なものとされる規定も、準拠法への送致範囲に含まれるとされたのです。「消滅時効という問題が、英国法では『訴訟法上の制度として規定』されていること」は、いわば無視されたといってもよいでしょう。「一定期間が経過したことで、この債権の請求はできなくなったか？」という問題について、それを実体法上の制度と性質決定して英国法を準拠法とした以上、英国法からその解答を導き出せばよいのであり、仮にその答えが

日本が想定したのとは異なる場所に書かれていたとしても、その場所については問題とせず、その解答に従えばよい、というわけです。

いかがでしょうか。もう1つ違う例もみてみましょう。

【例その2：婚姻の方式】

A国人のXさんと、B国人のYさんとが、日本で婚姻しようとしたとします。2人の婚姻は、どのような要件をみたせば有効なものといえるでしょうか。この点については、通則法24条が次のように規定しています。

> 24条① 婚姻の成立は、各当事者につき、その本国法による。
> ② 婚姻の方式は、婚姻挙行地の法による。
> ③ 前項の規定にかかわらず、当事者の一方の本国法に適合する方式は、有効とする。ただし、日本において婚姻が挙行された場合において、当事者の一方が日本人であるときは、この限りでない。

ここでは、2つの単位法律関係について規定されています。1項の単位法律関係は「婚姻の成立」ですが、婚姻の成立要件のうち「方式」については、2項・3項が規定していますから、1項の単位法律関係は、婚姻の成立要件のうち方式以外のもの、すなわち婚姻の実質的成立要件ということになります。

先ほどの例について、通則法24条によって準拠法を決定すると、次のようになります。

- 婚姻の実質的成立要件に関しては、XさんについてはA国法、YさんについてはB国法を準拠法とする。
- 婚姻の方式に関しては、A国法、B国法、日本法の選択的連結による。つまり、いずれかの法の定める要件をみたせば、XさんとYさんとの婚姻は方式上有効とされる。

さて、ここで、XさんとYさんとの間で婚姻を成立させるのに、ある儀式をとり行うことが必要か、という点が問題となったとしましょう。まずは性質決定が問題となります。婚姻の成立についてある儀式をとり行うことが必要か、という問題は、「婚姻したい」という当事者の意思表示を、外に対してどのように表現することが必要か、という問題として、婚姻の方式の問題と性質決定するのが一般的です。婚姻の届出の要否と同じ扱いというわけです。婚姻の方式の問題となると、選択的連結ということで、A国法、B国法、日本法のいずれかの要件をみたせばよいということになりますから、日本法に従って婚姻届を提出すれば、そのような儀式をする必要はないということになりますね。

ところが、A国法が、A国において国教とされている特定の宗教上の儀式を行うことを、婚姻の実質的成立要件と解していたとします。婚姻の実質的成立要件に関しては、XさんにつきA国法の要件をみたす必要があります。すると、このような儀式を行わない婚姻は、A国法の要件をみたさないものであるとして、日本においても有効な婚姻とはならないのでしょうか。

ここでの問題を、「送致範囲」という言葉を用いて表現すると、

「婚姻の実質的成立要件のうち、Ｘさんについての要件については、Ｘさんの本国法であるＡ国法に送致される。この場合、Ａ国法上の『特定の宗教上の儀式をとり行うこと』という婚姻の成立要件に関する規定が、Ａ国法への送致範囲に含まれるか」というものになるでしょう。

　この問題にどのように答えるのか、先を読み進める前に、少し考えてみてください。

　ここまでの説明によれば、Ｘさんの本国法であるＡ国法への送致範囲は、性質決定によって画されます。つまり、Ｘさんの本国法であるＡ国法が適用されるのは、日本の国際私法が、婚姻の実質的成立要件にあたるとして24条1項によって準拠法を定めるべきものと判断した法的問題に限られることになります。そして日本の国際私法の解釈として、特定の儀式が必要かという問題は、婚姻の方式の問題であると性質決定をしました。となりますと、特定の儀式が必要かという問題は、婚姻の実質的成立要件の準拠法であるＡ国法への送致範囲には含まれないことになります。つまり、「Ａ国法においては特定の儀式という要件が婚姻の実質的成立要件とされている」という点は無視すべきことになるというわけです。Ａ国法がどんなに熱心に「婚姻の実質的要件なのだから、儀式をとり行わないとダメだ」といっていても、日本の立場からは、「いいえ、その点は、日本では、婚姻の方式の問題と考えております。したがって、選択的連結ということで、Ａ国法の要件をみたしていなくても、日本法またはＢ国法の要件をみたしていればよいのです。Ａ国法が、それを実質的成立要件の問題

と理解しているかどうかは関係ありません」ということになるのです。ですから、仮に、XさんがYさんに対して、日本で「XとYとの婚姻は、Xの本国法であるA国法の要件をみたしていないから無効だ」という訴えを提起したとしても、2人が日本で婚姻届を提出していれば、Xさんの主張は認められません。

●改めての結論　　2つの具体例から明らかなように、各単位法律関係に含まれる法的問題について、それぞれその準拠法への送致がなされますが、その送致範囲に含まれる問題については（仮にその準拠法上異なる制度と扱われていても）その準拠法に答えを求め、その送致範囲に含まれない問題については（仮にその準拠法上そこに含まれる問題と扱われていても）答えを無視する、ということになります。つまり結局のところ、「準拠法への送致範囲の画定の問題については、性質決定の段階ですでに決着がついている」ということなのです。

これがまさに、先ほど示した結論です（144頁）。2つの具体例を通して理解を深めることができたでしょうか。

2　国際私法上の公序

●準拠法選択のプロセスと準拠法の内容　　準拠法が確定した場合に、準拠法上のどの法規範を適用するかは、これでわかったことになります。

そこで、いよいよ準拠法を実際に適用することになるのですが、ここで、復習を兼ねて、問題を2つ出してみましょう。考えてみてください。

> 【問1】準拠法を決定するまでのプロセスにおいて、準拠法の内容は考慮されるでしょうか。それとも考慮されないでしょうか。

> 【問2】準拠外国法を適用すると日本の強行規定に反する結果が生じる場合、当該準拠法は適用されないものと解すべきでしょうか。それとも、強行規定に反する結果が生じる場合でも、それを適用すべきでしょうか。

いかがでしょうか。順番に考えていきましょう。

準拠法は、あくまでも、単位法律関係ごとに定められている連結点によって決定されます。準拠法を決定するプロセスにおいては、準拠法の内容はまったく問題とされていません。これを、「暗闇への跳躍」などという言葉で表現することは、第Ⅱ章でふれたとおりです（31頁）。

したがって、【問1】の答えは「準拠法を決定するまでのプロセスにおいては、準拠法の内容は考慮されない」というものになります。

それでは、その準拠外国法を適用すると日本の強行規定に反するような結果が生じてしまう場合については、どのように考えたらよいでしょうか。ここで、「**強行規定**」というのは、当事者が反対の意思を示したとしても適用される規定のことです。たとえば、利息制限法1条は、一定の利率を超える利息を支払うという合意をしても無効だと規定しています。たとえば、元本が10万円の場合には、利息は年18％が上限とされているのです。この規定

第Ⅶ章　そして紛争を解決する

は強行規定ですから、AさんがBさんに対して、「借りた10万円を1年後に20万円にして返します」と約束しても、Aさんは1年後に11万8000円を返す義務しか負わないことになります。

　これに対し、当事者がそれと異なる意思を示せば適用されない規定、つまり当事者がそれと異なる意思を示していない場合に限って適用される規定を「**任意規定**」といいます。民法404条は「利息を生ずべき債権について別段の意思表示がないときは、その利率は、年5分とする」と規定していますが、これは任意規定です。したがって、利息を何％にするか当事者が合意していない場合にのみ適用されるのです。

　さて、日本民法731条は、男は18歳、女は16歳にならなければ婚姻できないと規定しています。この規定が強行規定か任意規定かといえば……はい、強行規定ということになります。同条は、当事者の合意とは無関係に常に適用されるものだからです。したがって、日本民法のもとでは、17歳の男女はいくら望んでいても婚姻することはできません。

　ではここで、17歳の男性がA国人で、A国法上は16歳以上の男性であれば婚姻できるとなっていた場合にはどうでしょう。第Ⅳ章の配分的連結のところで説明したように（82頁以下）、この男性が何歳で婚姻できるかについてはその本国法であるA国法で判断されます。したがって、このA国人の男性は17歳で婚姻できるということになるのです。準拠外国法を適用することによって、男性が17歳で婚姻できるという、まさに日本の強行規定に反する結果が認められたということになります。

このように、準拠法である外国法を適用した結果として日本の強行規定に反するような事態が生じることはあるのです。あるいは、むしろ、日本の強行規定に反するような結果を認めるためにこそ、準拠法として外国法を適用しているのだ、ということもできるでしょう。当事者の望む結果が日本の強行規定に反しないようなものであれば、準拠法としてわざわざ外国法を適用しなくても、そのような結論を導くことができます。18歳の男女であれば、日本民法のもとでも婚姻が可能なのです。しかし、日本の強行規定に反するような結果を日本で認めるためには、たとえば17歳の男性の婚姻を認めるためには、準拠法として日本法ではなく外国法を適用する必要があるのです。

したがって、【問2】の答えは「準拠外国法は、それを適用すると日本の強行規定に反する結果が生じる場合でも、適用すべきである」ということになります。

● **緊急脱出装置としての通則法42条**

このように、「暗闇への跳躍」を基本とする日本の国際私法のもとでは、準拠外国法を適用した結果、日本においては認められていない結論が導かれることは当然ありうるということになります。

それでは、準拠外国法を適用した結果であれば、どのような結果でも認められるのでしょうか。準拠外国法が認めていれば、たとえば人身売買のようなことも日本で認められることになるのでしょうか。

いやいや、さすがに、そのような「いくらなんでもとんでもない」といいたくなるような結論までも認めてしまうことには問題

があるでしょう。国際私法によって、そんな結論まで認めなくてはならないのであれば、「そんな国際私法なんてやめちまえ！」ということになりそうです。

そこで、日本と同じような国際私法システムを採用している国においては、必ず、そのような極端な場合には外国法を適用しないというルールをもっています。そのようなルールを「**国際私法上の公序**」といいます。

日本で国際私法上の公序を規定しているのは通則法42条です。

> 42条　外国法によるべき場合において、その規定の適用が公の秩序又は善良の風俗に反するときは、これを適用しない。

この点をたとえると……と、この本では、いろいろなたとえ話を使って国際私法の説明をしてきましたが、この点については、すでに秀逸な説明がありますので、それを引用したいと思います。

> 準拠法を具体的事案に適用した結果がとても受け容れられないようなものである場合には、その適用結果を覆す途が用意されている。……この緊急脱出装置によって、着地直前でとんでもない結果を回避できるというわけである。（道垣内正人『ポイント国際私法総論［第2版］』（有斐閣・2007）253頁）

国際私法においては、準拠法を決定する段階では、準拠法の内容を問題にしません。そのため、準拠法の適用という最後の段階に至ったところで、それを適用すると受け容れがたい結果がもたらされることになる可能性があります。そのような例外的な場合

に、そのような結果を回避するために用いる、そんな緊急脱出装置のような存在が通則法42条の規定する国際私法上の公序というわけです。

あるいは、このような緊急脱出装置が置かれているからこそ、安心して「暗闇への跳躍」を行うことができる、といえるのかもしれません。「いざとなれば緊急脱出装置を使えばいいのだから、準拠外国法の内容を問題にせずに連結点によって準拠法を決めるってことにしておいてもいいよね」というわけです。つまり、日本が採用している、暗闇への跳躍を基本とする準拠法選択のシステムを裏から支えているのが、この緊急脱出装置ということになるのです。

このような意味で準拠法選択のシステム全体を支える通則法42条について、もう少し詳しく検討していきましょう。

この条文は、「外国法によるべき場合」および「その規定の適用が公の秩序又は善良の風俗に反するとき」という2つの要件をみたすときには、「これを適用しない」という効果が発生する、という構造になっています。

2つの要件のうち、「外国法によるべき場合」という要件は、当然のものでしょう。準拠法が日本法であれば、それによって「いくらなんでもとんでもない」というような結論は出てくるはずはありませんからね。

問題となるのは、「その規定の適用が公の秩序又は善良の風俗に反するとき」という要件です。ここでは、この要件を、「公の秩序又は善良の風俗」「その規定の適用が」「に反するとき」の3

つの部分に分けて順番に検討していきます。そして最後に、通則法42条の規定する効果、つまり「これを適用しない」ということについて考えてみることにしましょう。

●「公の秩序又は善良の風俗」　通則法42条が規定している要件について、まず第1に、「公の秩序又は善良の風俗」という点について検討します。

公序良俗というと、法律を学んだことがある方は、民法90条を思い出すのではないでしょうか。

> 民法90条　公の秩序又は善良の風俗に反する事項を目的とする法律行為は、無効とする。

この規定は、法律行為つまり契約等について、その内容に問題があるものを無効とするものです。民法90条に反するとして無効とされる契約にはさまざまなものがありますが、その一例に賭博に関するものがあります。仮に、賭博をする前に2人が「負けたら勝った人にお金を払わなければならない」と合意をしていたとしても、そのような合意は公序良俗に反する事項を目的としていることから無効とされ、負けた方は勝った方にお金を払わなくてもよいことになります。

国際私法上の公序についての通則法42条も、それに反する場合には例外的に準拠外国法の適用結果を認めないというわけですから、民法90条の公序良俗と類似の機能を有するわけです。しかし、その内容は、通則法42条と民法90条とでは異なるとされています。

すでに繰り返し説明したように、準拠外国法を適用した結果、日本では認められないはずの結論が出てくることは、当然の前提とされています。つまり、準拠外国法の適用により、民法90条の公序良俗に反するような結果が生じることも、ある程度までは当然の前提とされているのです。そのような前提に立ったうえで、「いくらなんでもとんでもない」というような、きわめて例外的な場合にのみ、まさに緊急事態における脱出装置として用いられるのが、国際私法上の公序ということになります。

このように、通則法42条の規定する国際私法上の公序は、民法90条の公序良俗よりも、より限定的に、より例外的な場合に、まさに緊急事態において用いられるものと考えられているのです。

このことを示すために、民法90条の公序を**国内的公序**、通則法42条の公序を**国際的公序**と呼んで区別するのが一般的です。

国際私法上の公序は、このように例外的にのみ問題となるものなので、国際私法上の公序が「発動される」などという言い方をする場合もあります。「発動」という言葉を使うと、まさに緊急脱出装置が動き出すという感じが伝わってきますね。

```
民　法90条：国内的公序
通則法42条：国際的公序（より例外的な場合にのみ発動される）
```

●「その規定の適用が」　通則法42条の規定する要件「その規定の適用が公の秩序又は善良の風俗に反するとき」の検討を続けます。

この要件についてもう１つ注目されるのは、公序違反か否かが問題となるのは、外国法の「規定」ではなく、「規定の適用」である、ということです。

　準拠外国法の規定そのものを問題にすることと、その規定の適用を問題にすることとで何が違うのでしょうか。離婚準拠法として指定された外国法が、離婚をいっさい認めていない場合を考えてみましょう。

　たとえば、日本に住んでいるＡ国人夫婦で、夫が妻に対して毎日のように暴力を振るっている……といった事情があるにもかかわらず、妻から夫への離婚請求を「離婚について準拠法となるＡ国法が離婚を認めていないから」という理由で認めないというのは、「いくらなんでもとんでもない」ものとして、国際私法上の公序違反とされる可能性があります。まさに緊急事態というわけです。

　これに対し、同じように日本に住んでいるＡ国人夫婦について、妻が夫に離婚請求をしたという事例であっても、それが、妻が他に好きな男性ができたという事情による場合には、Ａ国法を適用して離婚を認めないこととしても、それを「とんでもない」ものとする理由はありません。したがって、緊急脱出装置としての国際私法上の公序は、そのような状況においては用いるべきではありません。

　実際の裁判例として、最判昭和52・3・31（民集31巻2号365頁）をみてみましょう。そこでは、離婚にともなう親権者の指定について、韓国法が準拠法とされました。当時の韓国法によると、

離婚の場合には親権者は父と決まっていて、母親が親権者とされる余地はありませんでした。しかし、この事例では、父親は飲酒、妻への暴力、窃盗などの犯罪による服役など、さまざまな問題を起こしており、母は子どもたちを連れ経済的にも実家の援助を受けて生活していました。最高裁は、このような事案において母を親権者と指定した原判決を正当とし、父の上告を棄却しましたが、その理由では以下のように述べています。

> 本件の場合、大韓民国民法の右規定に準拠するときは、扶養能力のない父である上告人に子を扶養する親権者としての地位を認め、現在実際に扶養能力のあることを示している母である被上告人から親権者の地位を奪うことになつて、親権者の指定は子の福祉を中心に考慮決定すべきものとするわが国の社会通念に反する結果を来たし、ひいてはわが国の公の秩序又は善良の風俗に反するものと解するのが相当であり、これと同旨の原審の判断は、正当として是認することができる。

このように最高裁は、韓国法が離婚の際には必ず父を親権者としていることそのものを問題にしているわけではありません。最高裁が問題にしているのは、このような韓国法の規定を本件に適用し、扶養能力のない父を親権者とし、現在実際に子どもの面倒をみている母から親権者の地位を奪うことなのです。

ですから、仮に、この事案において「飲酒、配偶者への暴力、犯罪による服役」といった問題を起こしているのが母であったとしたならば、韓国法を適用して父を親権者とすることは国際私法

上の公序に反するものとはされなかったと考えられます。

なお、この最高裁判決が下された昭和52年当時、現在の通則法42条に相当する法例30条は、「外国法ニ依ルヘキ場合ニ於テ其規定カ公ノ秩序又ハ善良ノ風俗ニ反スルトキハ之ヲ適用セス」という内容のものでした。現在とは異なり、当時の条文では「其（その）規定」すなわち外国法の規定が公序良俗違反か否かが問題とされていて、「適用」という言葉は用いられていなかったのです。しかし、当時から、国際私法上の公序はあくまでも例外的にのみ用いられるべきであるとして、その規定そのものではなく、適用結果を問題とすべきだと考えられていました。最高裁はそのような考え方に従ったというわけです。そしてその点は、平成元年の法例改正時に、「其規定」の箇所が「其規定ノ適用」に改正され、適用結果が問題であることが明確にされたのでした。

●「に反するとき」

通則法42条の規定する要件についての検討、最後に「に反するとき」をとりあげます。準拠外国法の適用結果は、具体的にどのような場合に公序違反と考えられるのでしょうか。

抽象的には、公序違反とされるのは、これまで繰り返し書いたように、「いくらなんでもとんでもない」といえるような緊急事態にあたる場合、ということになります。それをもう少し格調高い（？）言葉で表現すると、「**当該準拠法に従うならば、内国の私法的社会秩序を危うくするおそれがある場合**」（平成元年改正前の法例30条に関する最判平成10・3・12民集52巻2号342頁）といったことになるでしょう。しかし、国際私法上の公序に反するか否かを判

断するのには、もう少し具体的な手がかり、考えていく道筋がほしいところです。

　その点について一般的には、国際私法上の公序違反の有無は、適用結果の不当性と、内国牽連性という、2つの要素を総合的に考慮したうえで判断される、といわれています。

　適用結果の不当性とは、そのものずばり、その準拠外国法を適用した結果が、どの程度「とんでもない」ものであるかを問題にするものです。「不当」といった程度では国際私法上の公序違反とはいえないということで、「適用結果の異常性」という表現が用いられることもあります。

　もう1つの要素、**内国牽連性**については、少し説明が必要でしょう。通則法42条の国際私法上の公序は、日本からみた場合に「とんでもない」といえるかどうか、「内国の私法的社会秩序を危うくするおそれがある」かどうかを問題とするものです。すると、同じような事実であっても、それが日本（つまり内国）と密接に関係する場合と、そうでない場合とで、判断が異なりうる、というのが、内国牽連性を問題にする理由というわけです。

　たとえば、一夫多妻婚について考えてみましょう。イスラム教のもとでは一夫多妻婚が認められているということは聞いたことがあると思います。外国でそのような制度がとられているということ自体は、日本にとっては――確かにびっくりすることではありますが――それほど大きな問題ではないと考えることもできるでしょう。これに対し、日本の国内で、1人の男性が複数の女性と婚姻関係にあることを認めるとなりますと、それは、両性の平

等を掲げる日本法のもとでは、より大きな問題ということになるのです。

このように、準拠法として外国法を適用した結果として同じように「一夫多妻婚」を認めるという場合であっても、その事実が、日本とまったく関連していない場合と、日本と深く関連している場合とでは、後者の方が「とんでもない」「内国の私法的社会秩序を危うくするおそれがある」として、国際私法上の公序違反とされる可能性が高まる、ということになるのです。

この2つの要素、適用結果の不当性と、内国牽連性とは、「この2つの要件をともにみたしてはじめて国際私法上の公序違反とされる」というようなものではありません。これらは、あくまでも、「内国の私法的社会秩序を危うくするおそれがある」か否かを判断する際に考慮すべきもの、という位置にあります。したがって、たとえば、人身売買に基づいて売買の対象とされた人物を引き渡すことを認める準拠法（そのようなものが仮に存在するとして）のように、その適用結果の不当性がきわめて高い場合には、日本との関連性（内国牽連性）がほとんどない場合であっても、その適用を国際私法上の公序に反するとすることは十分に考えられると思います。

● 「これを適用しない」

通則法42条により準拠外国法を適用しないことにした場合、ではどうすればよいのでしょう。通則法42条は、単に「これを適用しない」とするだけで、それではどうするかについては何も述べていません。

この点について最高裁は、日本法を適用すべきものとしていま

す。たとえば、先にあげた、離婚後の親権者指定に関する最判昭和52・3・31は、「わが民法819条2項を適用して」母を親権者と定めた原審の判断を正当だと解しているのです。

　国際私法上の公序によって一定の場合に準拠法である外国法を適用しないものとするのは、準拠外国法の適用結果が、日本からみて「とんでもない」ものであるためです。「日本からみた場合にとんでもない結果が出てしまったのであるから、それを否定して日本法を適用して紛争を解決する」という、上記の最高裁の処理には、十分に理由があるものといってよいでしょう。

---------- この章のポイント ----------

☑ 準拠法選択規則により指定された準拠法上のいかなる規範が適用されるのか、という準拠法への送致範囲の画定の問題については、すでに性質決定の段階で判断がされていると考えられます。準拠法に投げかけられた問いに対する答えを、準拠法の中から見つければよいのです。

☑ 国際私法による準拠法決定プロセスにおいては、準拠法の内容そのものは問題とされていません。その適用によって日本法上認められない結論が導かれるのは当然のことといえます。

☑ 準拠外国法の適用結果が日本としてはどうしても受け容れがたいものである場合には、緊急脱出装置としての国際私

第Ⅶ章　そして紛争を解決する

法上の公序が発動されます。

☑国際私法上の公序について規定している通則法42条によれば、準拠外国法を適用した結果が、日本の私法的社会秩序を危うくするおそれがあるようなきわめて例外的な場合に、準拠外国法の適用結果は排除されます。

☑国際私法上の公序を発動すべきか否かについては、「適用結果の不当性」と「内国牽連性」という2つの要素を総合的に考慮して判断します。

☑国際私法上の公序により準拠外国法の適用を排除した場合には、日本法が適用されると考えられています。

■コラム：統一法と国際私法との関係——第1部の終わりに

　以上の第1部では、日本の国際私法が採用している準拠法選択の基本的なシステムについて、単位法律関係→連結点→準拠法、という流れと、準拠法適用段階における緊急脱出装置としての国際私法上の公序を中心に説明しました。
　それでは、国際民事紛争を解決する際には、常に、これに従って準拠法を決定する必要があるのでしょうか。
　ほとんどの場合には、「その必要がある」ということになります。実際の裁判例の中には、準拠法として外国法を適用すべきであるにもかかわらず、その点をまったく検討せずに、日本法を適用してしまっているものもありますが、それは誤った裁判です。
　しかし、国際民事紛争に適用される実質法の内容を統一するような条約が作成され、日本もそのような条約の当事国となっている場合には、そのような条約（実質法統一条約）と、国際私法との適用関係が問題となります。というのは、そのような場合には、理論上2つの処理方法が考えられるからです。
　第1の考え方として、そのような条約が存在しない場合と同様に、国際私法が優先的に適用される、というものがあります。実質法統一条約は、あくまでも各国の実質法を統一する条約であり、それは各国の国際私法に影響を与えるものではない。したがって、国際民事紛争を解決する際には、まず国際私法によって準拠法を決定することになる。そして、準拠法としてその実質法が指定された国がその条約の当事国となっている場合には、その条約は準拠法の一部として適用される。このように考える立場です。
　第2の考え方は、条約が優先的に適用される、というものです。実質法統一条約は、その締約国において条約が国内法に優先して適

用されることを目的に作成されるものである。条約の当事国となりながら、国内法である国際私法を理由として条約を適用しない国は、条約上の義務を果たしていないといわなければならない。実質法統一条約は、その適用範囲において、一国の国際私法によっていかなる法が準拠法とされるかにかかわらず、直接適用されるのである。このように考える立場です。

いずれの考え方によるべきかについては争いがありますが、多数説は、その実質法統一条約の趣旨によって判断するものとしています。つまり、その条約が、その定める適用範囲においては、締約国の国際私法による準拠法選択を排除して適用されるという趣旨のものであれば、それに従って条約を直接適用する、つまり上記の第2の考え方によります。他方、その条約が、その適用範囲については各国の国際私法に委ねる趣旨であれば、まず国際私法によって準拠法を選択し、それによって条約の締約国の法が指定された場合にはじめて条約を適用する、つまり上記の第1の考え方によるわけです。

以前は国際私法との関係が十分に意識されないまま実質法統一条約が定められることも多かったこともあり、実質法統一条約がいずれの趣旨であるかが必ずしも明らかでないこともありました。しかし最近は、条約において国際私法との関係も念頭に置いたうえでその適用範囲が定められることが多くなってきています。そのような場合には、まさに条約の趣旨として、一定の範囲については一国の国際私法による準拠法選択を排除して、直接条約が適用されるということになると解すべきでしょう。つまり、上記の第2の考え方によることになるのです。

たとえば、国際物品売買契約に関する国際連合条約（United Nations Convention on Contracts for the International Sale of Goods, CISGと略されます）1条1項は、次のように規定しています。

> CISG 1条① この条約は、営業所が異なる国に所在する当事者間の物品売買契約について、次のいずれかの場合に適用する。
> (a) これらの国がいずれも締約国である場合
> (b) 国際私法の準則によれば締約国の法の適用が導かれる場合

　この規定は、(b)からも明らかなように、各国が国内法である国際私法に従って外国法を準拠法として指定することも前提としています。それを前提に、(a)のような場合には、それとは別に条約が適用されるとされているのです。
　したがって、1条1項(a)に該当する場合には、国際私法によってこの条約の非締約国の法が準拠法とされる場合であっても、CISGが直接適用されるべきことになります。

第 **2** 部

紛争解決の場所を決める
～国際裁判管轄・外国判決承認の巻～

　第1部では、準拠法すなわち国際民事紛争に適用される法規範を選択し、それを適用するプロセスについて、ひととおりの流れを理解しました。準拠法選択の問題は、国際私法の中心的な部分であり、国際私法とは狭義では準拠法選択規則のことでしたね。

　しかし、準拠法選択の問題が広義の国際私法のすべてというわけではありません。国際私法は、国際民事紛争の解決に関するさまざまな問題を広く対象とするものです。

　準拠法選択の問題以外に、国際私法が対象とする重要な問題といえば、やはり、国際民事紛争を解決する手続の問題ということになるでしょう。

　第2部では、この国際民事手続法の分野の中心的な問題である、国際裁判管轄と外国判決の承認とをとりあげることにします。

第Ⅷ章　紛争解決という名の迷路
──国際民事手続法と国際裁判管轄のお話その１──

　第２部でとりあげる国際民事手続法は、国際民事紛争の解決手続において特に問題となる点をとりあげる法分野です。民事手続法といいますと、主に裁判所における手続を対象とするものですから、日常生活を対象とする民法などと比べると、とっつきにくい印象があります。昔は民事訴訟法の授業はつまらない、「民訴は眠素」なんていう言葉もあったようですね。実際、民事手続の問題は、なかなか複雑で、ときには入り組んだ迷路のように感じることもあります。

　そこで第２部では、そのような民事手続の迷路の中にはあまり立ち入らないことにしましょう。というのは、国際民事手続法で特に問題となるのは、迷路の中の話ではなく、その入口や出口、またその隣の迷路との関係、といった点だからです。

　この第Ⅷ章では、国際民事手続法について概観した後に、日本の民事手続という迷路の入口の問題、つまり日本の裁判所において国際民事紛争を解決することの是非という国際裁判管轄の問題について、具体的な検討の準備作業をしていくことにしましょう。

1 広義の国際私法と国際民事手続法

●**国内裁判所による紛争解決**　国際民事手続法、つまり国際民事紛争の解決手続について検討していく際、まず確認すべきことは、「**国際民事紛争を解決するための国際機関は存在しない**」ということです。

　国際的な紛争解決機関として、「国際司法裁判所（International Court of Justice, ICJ）」というものがある、ということは聞いたことがあるでしょう。しかし、国際司法裁判所でとりあげられるのは、国家間の法的紛争で、そこで判断されるのは国際法（国際公法）上の問題です。国際司法裁判所は、国際私法で問題となるような国際民事紛争をとりあげる機関ではありません。

　つまり、国際民事紛争の解決は、一般的にいずれかの国の国内裁判所で行われているのです。

　なお、当事者が合意した場合には、裁判所における手続ではなく、仲裁という手続によって民事紛争を解決することもできます。この点は、国際民事紛争でも国内的な民事紛争と同様です。しかしここでは、裁判所における紛争解決手続について考えていくことにしましょう。仲裁については、残念ながらこの本ではふれることはできません。

●**国際民事手続法上の諸問題**　日本の裁判所において国際民事紛争を解決する場合には、国内的な民事紛争を解決する場合には問題とならないような点が問題となることがあります。それは具体的にはどのような問題でしょ

うか。

　まずそもそも、ある国際民事紛争を日本の裁判所がとりあげて裁判するのか、といった点が問題となります。国内的な民事紛争については、それを日本の裁判所で解決すべきことは当然ともいえますが、国際民事紛争では、そうとはいい切れないのです。

　一国の裁判所がある国際民事紛争について審理判断することができるか、またそうすべきか、という問題は、一般に「**国際裁判管轄**」の問題と呼ばれています。「管轄」とは、一定の範囲の問題を取り扱うことのできる権限のことです。そのため、「国際」民事紛争について「裁判」所がそれをとりあげて審理判断する「権限」があるか否かの問題が、「国際裁判管轄」の問題と呼ばれるのです。

　この国際裁判管轄の問題が、国際民事手続法における最初のそして最大の問題ということになります。

　さて、日本の裁判所に国際裁判管轄があるとなりますと、実際に民事手続を進めていくことになりますが、その過程においても、その民事紛争が「国際的」なものであることから、特に検討すべき問題が生じます。

　たとえば、裁判を開始するにあたっては、訴える者つまり原告が、裁判所に対して、その訴えの内容が書かれた書面である訴状を提出します。そして、裁判所がその訴状を、訴えられた相手つまり被告に届けます。一般に、裁判において必要な書類を当事者などに届けることを「送達」といいます。では、この送達をすべき相手（この場合には被告）が外国にいる場合には、裁判所はど

のように送達すればよいでしょうか。

あるいは、裁判においては証拠によって事実を認定することになりますが、その証拠が外国にある場合には、裁判所はどのようにそれを集めることができるでしょうか。

このように、民事手続の過程におけるさまざまな場面について、「もしこの人が外国にいたら」「もしこれが外国にあったら」など、民事紛争が国際的なものであることで問題が生じないか、生じるとしたらそれをどのように解決するのか、といった点の検討が必要となります。国際民事紛争を解決する民事手続の過程におけるこのような諸問題も、国際民事手続法の対象ということができます。

裁判所における民事手続を経て、裁判所が判断を示すことで国際民事紛争に対する解決がなされます。日本の裁判所の判決の効力については、そこで扱う民事紛争が国際的なものであっても国内的なものであっても、特に違いはありません。

ただ、国際民事紛争については、外国の裁判所において解決される場合があることに注意が必要です。国際民事紛争について外国で下された裁判であっても、その当事者が日本人であったりするなど、日本と関連する場合があります。したがって、外国で下された裁判が、果たしてまたどのような場合に、日本においても効力が認められるのか、といった点も問題となるのです。この外国判決の効力といった問題も、国際民事手続法の対象となります。

こういった国際民事手続法上の諸問題について理解するためには、その前提として民事手続法についての一般的な知識が必要と

なります。外国における送達をどのように行うのかについて検討するには、そもそも民事手続法において送達がどのようなものであるのか、どのように行うのか、といった点についての一般的な理解が必要です。外国裁判所の判決の効力について学ぶ前に、国内の裁判所の判決がどのような効力をもっているかを知らなければなりません。

　しかし、民事手続法についてきちんと理解することは、それほど簡単なことではありません。裁判所における手続に関するものですから、民法や商法以上になじみのないものです。まるで迷路のように複雑であると感じるかもしれません。

　そこで、入門書であるこの本では、国内の民事手続の具体的な過程そのもの、つまり迷路の中は、いわば「カッコ」にくくってしまい、見ないで済ませてしまおうと思います。そして、複雑な迷路の中に比べれば、比較的理解が容易であり、しかも国際民事手続法において重要性の高い、迷路の入口と出口に着目したいと考えました。

　迷路の入口とは、つまり国内の民事手続の入口の問題ということで、国際裁判管轄の問題ということになります。また、迷路の出口とは、民事手続の結果裁判所が下す裁判（判決や決定など）ということになりますが、国際民事手続法においては、主に外国裁判所の判決の効力の問題ということになります。

　このような理由から、この本の第2部では、主に国際裁判管轄と外国判決の承認の問題をとりあげることにしました。

●**国際民事手続法についての法源**　ここで、国際民事手続法についての法源を確認してみましょう。「法源」という言葉は第Ⅰ章にも登場しましたが、法の存在形式のことでしたね（14頁以下参照）。つまり、「それについての規定はどこにあるの？」という問いに答えるものです。ここでは、この本ではとりあげない問題に関するものも含めて、国際民事手続法に関する重要な法源をひととおりあげておくことにしましょう。

　国際民事手続法についても、準拠法選択の問題と同様に、原則として各国の国内法が規律しています。したがって、日本においては、一般の民事訴訟については民事訴訟法、離婚などの人事に関する訴訟については人事訴訟法、家事事件の審判や調停については家事事件手続法、国際倒産の問題については破産法や会社更生法、国際仲裁については仲裁法といった法律を、まずは参照すべきことになります。もっとも、人事訴訟法や家事事件手続法には、国際民事手続法に関連する明文の規定は今のところ置かれていません。

　こういった、民事手続法に関する一般的な法律のほか、国際民事手続法に関する特別法も存在します。「外国裁判所ノ嘱託ニ因ル共助法」「民事訴訟手続に関する条約等の実施に伴う民事訴訟手続の特例等に関する法律」といったものです。倒産手続に関する「外国倒産処理手続の承認援助に関する法律」は、この本ではとりあげませんが、とても重要なものです。

　以上の国内法に加えて、国際民事手続法についての条約も多数存在し、日本もそのいくつかについては当事国となっています。

たとえば「民事訴訟手続に関する条約」「民事又は商事に関する裁判上及び裁判外の文書の外国における送達及び告知に関する条約」といったものです。その中でもっとも重要なものは、仲裁に関する「外国仲裁判断の承認及び執行に関する条約」でしょう。

この本では、民事手続の進行過程で生じる問題、先ほどのたとえ話でいいますと迷路の中の問題についてはとりあげません。また、この本でとりあげる裁判手続は、主に、民事手続の中でも「訴訟」と呼ばれるもの、裁判所の審理判断を求めて訴えを提起する原告と、紛争解決をすべき相手方として原告に指名された被告とが互いの主張をぶつけ合い、それについて裁判所が「判決」を下す、というタイプの手続です。

したがって、第2部で参照する法律は、主に民事訴訟法ということになります。

2 国際裁判管轄という問題

以上で国際民事手続法の問題一般についての説明を終えたことにして、国際裁判管轄について検討に入ることにしましょう。一国の民事手続を迷路にたとえますと、国際裁判管轄の問題は、ある国の迷路に入ることができるか、という問題ということになります。日本の民事手続という迷路の入口には門番がいて、やってきた人々が訴える内容によって、「お前は入ってよし」「お前はダメ」と判断している、というイメージでしょうか。

実際の国際民事紛争において、日本の裁判所に国際裁判管轄があるか否かが問題となるのは、たとえば次のような場合です。

> A国に出張中のPが、A国の航空会社Yの運行するA国国内線に乗って移動中に、航空機事故によって死亡した。そこで、Pの子である日本在住のXが、Yに対して損害賠償を請求する訴えを日本の裁判所に提起した。

　このような訴えについて日本の裁判所が審理判断すべきか否か、というのが国際裁判管轄の問題です。

　そして、ある国際民事紛争について日本の国際裁判管轄が肯定された場合には、日本の裁判所がそれについて審理を行い、判決を下すことになります。そこで下される判決は、原告の訴えを認める場合には「請求認容」判決、原告の訴えを認めない場合には「請求棄却」判決です。これに対し、日本の国際裁判管轄が否定されると、その国際民事紛争について日本の裁判所では審理判断を行わないことになります。そのような場合には、訴えを「**却下**」するとの判決が下されます。却下判決は、原告の請求内容について判断することなく訴えをしりぞけるもので、俗に門前払い判決ともいわれます。

　では、この国際裁判管轄の問題については、そもそも、どのようなレベルで規律されているのでしょうか。国際的なルールがあって、日本もそれに従う必要があるのでしょうか。それとも、国際的なルールは存在せず、日本はそれについて独自にルールを定めることができるのでしょうか。

　各国の裁判所も国家機関の1つであり、その活動は国家機関の活動です。そのような国家機関の活動が許される範囲については、

国際法上の規律が及ぶはずですから、国際裁判管轄についても国際法の規律がありそうにも思います。しかし、国際法が主に規律するのは、国家機関が国境を越えて外国において物理的に活動することです。裁判所の判断それ自体は、仮にそれが外国人や外国で生じた事実を対象としていたとしても、国内でなされる活動であり、国際法においてはそれほど問題とはされていません。民事紛争を対象とする民事事件については特にそうです。

そのため、国際法は、国際民事紛争の解決に関する国内裁判所の権限行使について、具体的な指針をほとんど与えてはくれません。例外的に明確な国際法上の規律が存在するものとして、裁判権免除の問題、つまり、ある国家や外交官が、別の国での裁判に服するか、といった問題があります。これについて詳しくは、「外国等に対する我が国の民事裁判権に関する法律」や、そのもととなった「国及びその財産の裁判権からの免除に関する国際連合条約」をご覧ください。しかし、それは国際裁判管轄の問題のごく一部に関するものにすぎません。

このように、民事事件の国際裁判管轄について国際法上のルールはほとんど存在しません。したがって、先ほどあげた具体例のような場合に、日本の裁判所に国際裁判管轄が認められるか否かは、日本自身がその国内法に従って判断すべきことになるのです。

3 国際裁判管轄と準拠法選択

国際裁判管轄に関して日本がどのようなルールを有しているかについては、次の第IX章でとりあげることにし、この章では、国

際裁判管轄についての具体的なルールを検討する前提として、国際裁判管轄という問題の性質について、もう少し考えてみたいと思います。

　まず、第1部で学んだ準拠法選択の問題と比較しつつ、国際裁判管轄という問題の性質をみてみましょう。

　たとえば、あなたが国際民事紛争の当事者であれば、「この紛争をどの国の法を適用して解決するか」という準拠法選択の問題と、「この紛争をどの国の裁判所で解決するか」という国際裁判管轄の問題とは、類似の性質をもつものと考えるかもしれません。これにはもっともなところもあるのですが、しかし他方、準拠法選択の問題と国際裁判管轄の問題とでは性質が異なるところもあります。ここでは、2つの観点から説明してみます。

●判断の選択肢　　先ほどは、準拠法選択の問題と国際裁判管轄の問題とを、当事者の立場からみてみました。しかし、実際の国際民事紛争において、日本の裁判所に国際裁判管轄が認められるかどうかを判断し、また国際民事紛争に適用される準拠法を判断するのは当事者ではなく裁判所です。

　裁判所の視点で考えますと、準拠法選択の問題と国際裁判管轄の問題とは性質が異なります。準拠法選択は、裁判所の視点でも当事者の視点と同様に、「こっちの法とあっちの法、どっちを適用するか」との問題ということになります。これに対して、国際裁判管轄は、「自分（の所属する国の裁判所）がその訴えをとりあげるか否か」という問題ということになるからです。準拠法選択の問題は、選択肢がたくさんある中から1つを選ぶ問題ですが、

国際裁判管轄は、YesかNoかに答える問題というわけです。選択問題と正誤問題との違いといってもよいでしょう。

　迷路のたとえでいいますと、国際裁判管轄の問題について、日本の裁判所の民事手続という迷路の入口にいる門番が判断できるのは、日本の国際裁判管轄を認めるかどうか、つまり日本の迷路に入りたいといってきた人を日本の迷路に入れるかどうかだけです。仮に、日本の迷路の入口にいる門番が「あなたはあっちの迷路に入りなさい」とドイツの迷路を指さしたとしても、ドイツの迷路に入れるかどうかは、ドイツの入口にいる別の門番が別の基準によって判断することなのです。つまり、準拠法選択の場合には、日本の裁判所が「ドイツ法による」と判断しドイツ法を適用することはできますが、同じような意味で国際裁判管轄について「ドイツで裁判する」などと判断することは、日本の裁判所にはできない、あるいは日本の裁判所がそのような判断をしても意味がない、ということになります。

【準拠法選択の問題と国際裁判管轄の問題との違い】
・準拠法選択　　：世界にある法域の中のどの法域を選択するかの問題
・国際裁判管轄：日本で審理判断するかどうかの問題

●認められる数　　準拠法と国際裁判管轄とでは、結論としてそれが認められる数が異なるということもできます。こなれない日本語ですね。その意味を説明しましょう。

　準拠法選択の場合には、ある法的問題について性質決定により

1つの準拠法選択規則を適用して準拠法を決定します。第Ⅳ章で説明したように、複数の準拠法が同時に適用される場合もあるのですが、国際民事紛争の解決を単一の法に委ねる単純な連結が原則であるといってよいでしょう。つまり、選択される準拠法は原則として1つなのです。

　これに対して、国際裁判管轄については、1つの国際民事紛争に関して国際裁判管轄が認められる国は1つでなければならない、ということはありません。たとえば、日本に住んでいるA国人Xさんが、日本の街を歩いていたところ、A国から来た旅行者Yさんが運転する車に接触し、怪我をしたとします。XさんがYさんに対して損害賠償を求めて訴えを提起する場合、日本の裁判所に訴えを提起することも、A国の裁判所に訴えを提起することも、どちらも考えられるでしょう。そして、このような場合に、「日本かA国か、どちらかにのみ国際裁判管轄を認めるべきである」と限定する理由は特にありません。Xさんが日本に訴えを提起した場合には、日本に国際裁判管轄を認めるべきか否かを検討します。XさんがA国に訴えを提起した場合には、A国に国際裁判管轄を認めるべきか否かを検討します。そして、どちらの場合にも国際裁判管轄を認めることにしてもよいと考えられるのです。

　この点は、先ほど説明した点、つまり「日本の迷路に入れるかどうかは日本の迷路の入口の門番が、ドイツの迷路に入れるかどうかはドイツの迷路の入口の門番が判断する」という点と似てはいますが、異なるものです。そこで説明したのは、国際裁判管轄についての判断は、各国がそれぞれ独自に行うため、その判断が

第Ⅷ章　紛争解決という名の迷路　　181

異なることもあるということでした。これに対しここで述べているのは、国際裁判管轄について、同一の基準によって判断したとしても、**ある１つの国際民事紛争について複数の国の国際裁判管轄が肯定される場合は存在する**ということなのです。

　準拠法選択の場合には、単純な連結を前提とする限り、「A国法が準拠法となる」ことは、「日本法は準拠法とはならない」ことを意味します。反対に、日本法が準拠法となる場合には、A国法は準拠法とはなりません。

　これに対して、国際裁判管轄については、「日本の国際裁判管轄ルールによればA国に国際裁判管轄が認められる」からといって、「日本の国際裁判管轄ルールによれば日本には国際裁判管轄は認められない」ということにはなりません。「日本の国際裁判管轄ルールによれば日本にもA国にも国際裁判管轄を認める」可能性があるからです。

　このことを、日本の国際裁判管轄が問題となる２つのケースを対比する形で以下のように説明することもできるでしょう。先の例では、日本に住んでいるA国人Xさんが、A国から来た旅行者であるYさんに対して、日本で起きた交通事故に基づいて、日本の裁判所に損害賠償を求める訴えを提起した場合を問題としていました。これに対して、この事例の日本とA国とを逆にした場合、つまりA国に住んでいる日本人Xさんが、日本から来た旅行者であるYさんに対して、A国で起きた交通事故に基づいて、日本の裁判所に損害賠償を求める訴えを提起した場合にも、同様に日本の裁判所の国際裁判管轄の有無が問題となります。そして、日本

の裁判所が双方のケースについて日本の国際裁判管轄を認めたとしても、これら2つの判断は相互に矛盾するものではない、というわけです。つまり、国際裁判管轄はさまざまな根拠から認めることができるのです。

そして、実際に日本の民事訴訟法では、日本の国際裁判管轄を認めるべき複数の根拠を掲げ、そのいずれかをみたす場合には、日本の国際裁判管轄を認めるものとしています。

4 国際裁判管轄と国内土地管轄

● 2つの問題の関係と類似点

国際裁判管轄という問題の性質に関して、続いては、国際裁判管轄と国内土地管轄とを対比して検討してみましょう。

国内土地管轄の問題とは、ある事件について日本国内のいかなる地に所在する裁判所が審理判断するかという問題を意味します。当事者の立場からみた場合、国際裁判管轄の問題は、いずれの国で裁判するか、日本なのか韓国なのかシンガポールなのか、というものであったのに対し、国内土地管轄の問題は、国内のいずれの地で裁判するか、札幌なのか東京なのか那覇なのか、というものなのです。

両者の関係を理論的にみると、国際裁判管轄の存在が、国内土地管轄について検討する前提となっているということができます。つまり、日本に国際裁判管轄が認められるからこそ、日本の中のどの場所で裁判をするかという国内土地管轄が問題となるのです。

迷路のたとえ話でいえば、国際裁判管轄の問題は、そもそもあ

る迷路に入れるかどうかの問題です。これに対し、国内土地管轄の問題は、この迷路に入ることができると決まったあとに、複数存在する迷路の入口の、どこから入るのかという問題ということになるでしょう。

　問題の性質という意味では、国際裁判管轄と国内土地管轄は、どちらも、ある場所において裁判を行うことが妥当か否かという、紛争解決の場所的な妥当性を問題にするものということができます。「(外国ではなく) 日本で裁判することが妥当か」ということと、「(日本国内のほかの場所ではなく) 東京で裁判することが妥当か」ということというように、両者は同じ性質の問題であるといってよいでしょう。

　日本の民事訴訟法でも、国際裁判管轄についての規定と国内土地管轄についての規定とは、かなり類似したものになっています(たとえば、民訴法3条の3と5条とを比べてみてください)。

●**移送の可否**　しかし、国際裁判管轄と国内土地管轄とでは、大きく異なる点があります。それは、先ほど説明した、判断の選択肢にも関わる違いです。

　そこでも説明したように、国際裁判管轄については、「日本で裁判するかしないか」が問題となり、その結論は「はい／いいえ」の二者択一で示されます。「はい」であれば、内容に立ち入って審理判断をすることになりますし、「いいえ」であれば、訴えを却下するのでしたね。

　これに対して、国内土地管轄の問題については、最初に訴えが提起された裁判所が、「どの場所にある裁判所で審理判断するか」

について判断するものとされています。東京の裁判所に訴えが提起された場合には、その事件を東京、大阪、札幌、那覇……いずれの裁判所で審理判断するかは、東京の裁判所が判断するのです。民事訴訟法の関連規定として、16条1項および17条をご覧ください。

> 民訴法16条① 裁判所は、訴訟の全部又は一部がその管轄に属しないと認めるときは、申立てにより又は職権で、これを管轄裁判所に移送する。
> 17条 第一審裁判所は、訴訟がその管轄に属する場合においても、当事者及び尋問を受けるべき証人の住所、使用すべき検証物の所在地その他の事情を考慮して、訴訟の著しい遅滞を避け、又は当事者間の衡平を図るため必要があると認めるときは、申立てにより又は職権で、訴訟の全部又は一部を他の管轄裁判所に移送することができる。

このように、国内土地管轄について裁判所は、その裁判所に管轄が認められない場合や、管轄が認められても「より適切な」裁判所が他にあると考えた場合には、訴えを「**移送**」することができるのです。移送とは、裁判所がある事件を別の裁判所に移し、その裁判所が審理判断すべきものとすることです。

そして、ある裁判所が「移送」という判断をした場合、その判断は、移送された裁判所を拘束します。東京地裁に提起された訴えについて、東京地裁が、札幌地裁に移送するという判断をした場合、札幌地裁は、「この事件は、本当は東京地裁で取り扱うべ

第Ⅷ章　紛争解決という名の迷路

きだ」とか「仙台地裁で取り扱うべきだ」と考えたとしても、それはできず、札幌地裁で判断しなければならないのです。

> 民訴法22条① 確定した移送の裁判は、移送を受けた裁判所を拘束する。
> ② 移送を受けた裁判所は、更に事件を他の裁判所に移送することができない。(3項略)

　このように、国内土地管轄については、最初に訴えが提起された裁判所が「どこで裁判するか」を判断すると、それによって、その訴えについて審理判断すべき裁判所が確定し、その裁判所においてその後の手続が進行します。

　これに対して国際裁判管轄については、先に述べたとおり、日本の裁判所が「これについては日本の裁判所ではなくA国の裁判所で審理判断すべきだ」と考えても、「日本の裁判所では裁判しない」という判断しかできないのです。日本の裁判所が「これについてはA国の裁判所で審理判断すべきだ」と判断しても、そのような判断はA国の裁判所を拘束しないのです。仮に、日本の裁判所が「この事件をA国の裁判所に移送する」などというような判決を下したとしても、A国の裁判所に「そんなの関係ねぇ」といわれてしまえば「ハイそれまでヨ」というわけです。

　以上、国際裁判管轄の問題と、国内土地管轄の問題とを比較した場合、裁判所の立場に立った場合には、そこでとりうる選択肢が異なるということになります。

【とりうる選択肢】
・国際裁判管轄：①訴えが提起された国で裁判する
　　　　　　　　②訴えが提起された国では裁判しない
　　　　　……その国で裁判するか否かのみを判断
・国内土地管轄：①訴えが提起された裁判所で裁判する
　　　　　　　　②（より）適切な裁判所に移送する
　　　　　……いずれの地で裁判するかを判断

　そして、先ほど民訴法17条をあげて説明したとおり、国内土地管轄については、訴えが提起された裁判所にそれが認められる場合であっても、その地における裁判が適切でないと考えられる場合には、国内の他の地にある裁判所に移送をすることができるとされています。換言すると、国内土地管轄については、それを広く認めても、移送により事後的に調整することができるのです。すると、国内土地管轄についてのルールは、移送という事後的な調整を行う前段階のものということになり、やや広く認めておくことが可能となります。

　これに対し、**国際裁判管轄については、移送というような事後的な調整手段はありません。**国際裁判管轄を認め、日本の裁判所で民事手続を進めるのかどうかという、最終的な結論を国際裁判管轄の問題として考えていく必要があります。つまり、国際裁判管轄についてのルールは、国内土地管轄の問題であれば移送という事後的な調整段階で考慮するような要素も、その中に取り込むべきものである、ということになるわけです。

●利害関係の大きさ　　国際裁判管轄の問題と、国内土地管轄の問題を比較した場合、もう1つ大きく異なる点があります。それは、「その判断についての当事者の利害関係の大きさ」です。これは、移送の可否という点とは異なり、裁判所ではなく、主に、当事者の立場に立った場合の違いということになります。

　国内土地管轄の問題も、当事者にとっては重要なものです。東京に住んでいる私の場合、東京で裁判をするのであれば、それほど大変ではありませんが、札幌や那覇で裁判をするとなると、かなりの負担となります。

　しかし他方、裁判をする場所が東京でも札幌でも那覇でも根本的な違いはない、ということもできるでしょう。どの裁判所も日本の裁判所で、民事手続は日本法に従って進みます（手続は法廷地法による、でしたね）。裁判においては日本法が、ときには日本の国際私法によって指定された外国法が、どの裁判所でも同じように適用されます。裁判所の判断に不満がある場合には、最終的には日本の最高裁にまで不服申立てをすることができます。自分だけでは手に負えない場合に依頼するのは日本の弁護士さんですし、裁判官はいずれも日本で法曹資格を取得した人々です。また、裁判は日本語で行われます。そして、審理の結果下される判決の効力は、日本国内どこであっても認められます。札幌の裁判所の判決は東京では効力をもたない……などということはありません。このように、国内土地管轄については、そのいずれの地で裁判をすることになっても、そこでなされる民事手続や裁判所の下す判

断が質的に大きく異なるということはないのです。

　これに対し国際裁判管轄の問題は、当事者にとってずっと重大な意味をもつものです。それも、移動にかかる時間や費用といった点だけではありません——もちろん、その点も当事者にとって大きな問題ですが。

　各国の裁判所においては、各国法に従って民事手続を進めていきます。したがって、そこで行われる民事手続の進行は国によって大きく異なります。また、国際民事紛争に適用されるのはそれぞれの国際私法によって指定される準拠法ですから、それも異なる可能性があります。裁判官や弁護士が有している資格や資質、平均的な能力も異なるでしょうし、外国では弁護士を探すのにも苦労するかもしれません。また、そこで用いられる言語も違います。そして、そこで下される判決は、原則としてその国にしか及びません。中国の裁判所の判決の効力は中国国内にのみ、タイの裁判所の判決の効力はタイ国内にのみ、日本の裁判所の判決の効力は日本国内にのみ、それぞれ及ぶのが原則ということになります（しかし……という話は第Ⅹ章でとりあげます）。

　このように、どこの国で裁判をするかによって、そこでなされる民事手続や裁判所の判断は根本的に異なります。したがって、日本に国際裁判管轄が認められるか否かは、当事者にとってきわめて重大な問題ということができるのです。

●簡単なまとめ　　国内土地管轄の問題と、国際裁判管轄の問題は、いずれも裁判を行う地の場所的な適切さを問題とするという共通の性質をもっています。しかし、以上で

説明したように、国際裁判管轄の問題と国内土地管轄の問題とは、大きく2つの点で異なります。第1に、国内土地管轄については移送という事後的調整が可能ですが、国際裁判管轄についてはそうではないので、国内土地管轄の問題であれば移送の段階で考慮すべきことを、国際裁判管轄の判断の中で考慮すべきことになります。そして第2に、国際裁判管轄の問題は、国内土地管轄の問題よりも、当事者にとってはるかに重大な意味を有します。

このような2つの違いから、国際裁判管轄の問題については、国内土地管轄の問題よりも、**より個別具体的な要素を考慮したうえでの判断が必要**であるということができるでしょう。

国内土地管轄の問題を含め、一般に手続法の分野においては、大量の事件を公平に裁くという観点から、画一的な処理や法的安定性が重視される傾向があります。そのことは十分に意味のあることです。しかし以上の検討からは、国際裁判管轄の問題については、より具体的妥当性に配慮する必要があるということになると考えられます。

5 国際裁判管轄に関する規定

この章の最後に、日本における国際裁判管轄に関する明文規定を確認しておきましょう。

明治31年に制定された法例は、主に準拠法選択について規定するものでしたが、一部の単位法律関係については、国際裁判管轄についても規定されていました。通則法においても、それまで法例で国際裁判管轄について規定されていた問題については、同様

に国際裁判管轄についての規定を置くこととされました。後見開始の審判等についての5条、失踪の宣告についての6条がこれにあたります（104頁以下参照）。

また、「国際航空運送についてのある規則の統一に関する条約」（いわゆるモントリオール条約）にも国際裁判管轄についての規定が置かれていますし（33条）、倒産法の分野においても、国際裁判管轄規定が置かれています（破産法4条、民事再生法4条、会社更生法4条）。会社更生法4条をあげておきましょう。

> **会社更生法4条** この法律の規定による更生手続開始の申立ては、株式会社が日本国内に営業所を有するときに限り、することができる。

国際裁判管轄について規定する際には、このように、申立てや訴えを「することができる」といった表現が用いられることがあります。

さて、こういった、特定の問題についての国際裁判管轄規定は存在しましたが、より広範な適用範囲をもつ一般的な国際裁判管轄規定は、近年まで置かれていませんでした。しかし、平成23（2011）年の法改正（平成23年法律第36号）によって、民事訴訟法第1編第2章第1節に「日本の裁判所の管轄権」という節が設けられ、同法が適用される財産法分野の民事訴訟事件に関する国際裁判管轄についての明文の規定が置かれることになりました。

これに対し、人事訴訟法と家事審判手続法には国際裁判管轄に

関する規定は置かれていません。実は、今から50年ほど前に、法例の改正という形で、離婚事件や親子関係の存否確認に関する訴えについて、国際裁判管轄規定を置くことが検討されました。その内容は、「法例改正要綱試案」として公表されましたが、結局その際の立法作業が実ることはありませんでした。

　しかし現在、人事訴訟事件や家事事件についての国際裁判管轄規定の検討が、法務省の「法制審議会・国際裁判管轄法制（人事訴訟事件及び家事事件関係）部会」において平成26（2014）年4月から始まっています。早ければ、平成27年度中にも法改正が実現するでしょう。この法改正は、通則法の制定、民事訴訟法への国際裁判管轄の明文規定の創設に続くものであり、仲裁法や国際倒産法制の整備も含む、広義の国際私法に関する一連の立法作業が、これにより完結することが期待されています。

　以上で国際裁判管轄についての検討の準備は整いました。次の第IX章では、民事訴訟法の国際裁判管轄規定について具体的に検討していきましょう。

---------- この章のポイント ----------

☑国際民事手続法は広義の国際私法の一分野であり、国際裁判管轄、外国判決の承認のほか、国際民事紛争の解決手続についての諸問題をも対象とするものです。

☑国際民事手続法の法源としては、民事訴訟法等の民事手続一般に適用される法律のほか、国際民事手続法に関する特別法や条約があります。

☑国際裁判管轄の問題は、ある民事紛争について自国の裁判所で審理判断するか否かを検討するものです。

☑同一の国際裁判管轄ルールのもとでも、ある特定の民事紛争について複数の国に国際裁判管轄が認められるということは十分に考えられます。

☑国際裁判管轄と国内土地管轄とは同じ性質の問題ということができますが、両者の間には、国際裁判管轄については移送という判断ができないこと、国際裁判管轄の方が当事者にとってはるかに重大な意味をもつこと、といった違いがあります。

☑以上のことから、国際裁判管轄の判断についてはより具体的妥当性への配慮が必要となると考えられます。

☑財産法分野の民事訴訟事件については、国際裁判管轄についての明文の規定が民事訴訟法に置かれました。

第IX章　迷路に入れてくれるかな
——国際裁判管轄のお話その2——

　第Ⅷ章では、国際民事手続法という法分野についてひととおり説明してから、国際裁判管轄という迷路の入口の問題について、準拠法選択や国内土地管轄といった問題と比較するなどして具体的な検討の準備を行いました。

　この第Ⅸ章では、いよいよ日本の国際裁判管轄に関するルールの内容をみていくことになりますが、まずは国際裁判管轄についてのルールを形成する際の具体的な考慮要素の検討から始めたいと思います。

　次に、国際裁判管轄に関する個別の規定を検討しますが、それについて詳しく説明すると、それだけで1冊の本になってしまうでしょう。ここでは、全体の見取り図を示すこと、いくつかのわかりにくいポイントを説明することに重点を置くことにします。

　ここでは、民事訴訟法の規定のみをとりあげることにしました。人事訴訟や家事審判事件については、この本の執筆中に立法作業が進められていますので、立法がなされる前の状況について説明する意義は乏しいからです。

　日本の迷路の入口にいる門番は、どういう場合であれば入場を認めてくれるのでしょうか。検討を始めることにしましょう。

1 国際裁判管轄についての考慮要素

第Ⅷ章での検討をふまえて、まず、国際裁判管轄についての具体的なルールを考える場合には、どのような要素を考慮すべきかを考えてみましょう。

かつて、国際裁判管轄についての明文の規定が置かれていなかった時期に、最高裁は、国際裁判管轄の判断基準として、「当事者間の公平」と「裁判の適正・迅速」という2つの要素を掲げました（最判昭和56・10・16民集35巻7号1224頁、最判平成9・11・11民集51巻10号4055頁。離婚事件についての最判平成8・6・24民集50巻7号1451頁）。ここではこれを参考に、当事者間の公平および裁判の適正・迅速という2つの観点から、国際裁判管轄について考慮すべき要素を考えていきたいと思います。

●**当事者間の公平**　第Ⅷ章でみたとおり、国際裁判管轄の判断は当事者の利害にきわめて大きな影響を与えます。したがって、国際裁判管轄について判断する際には、当事者間の公平という要素をもっとも重視すべきであるといってよいでしょう。

民事訴訟の当事者といえば、訴えを提起する原告と、訴えられる被告ということになりますが、国際裁判管轄について一般的には**被告の利益への配慮**が必要であると考えられています。

原告は、自ら訴えを提起した者です。いつ、どの裁判所に訴えを提起するかは原告が選択するのです。これに対し、被告は、訴えを提起された者です。自らの意思に関係なくその地での裁判へ

の対応(応訴)を迫られるのです。このような違いがあることから、国際裁判管轄の判断にあたっては、被告の利益を十分に配慮する必要があることになります。被告に対して裁判への対応を強制するだけの根拠がある場合には国際裁判管轄を認める方向に、反対にそのような根拠が希薄である場合には、国際裁判管轄を否定する方向に、判断は大きく傾くことになるわけです。

ちなみに、このように説明すると、「被告が悪いことをしたから原告が訴えを提起したのであり、被告を保護する必要はない」という意見を耳にすることがあります。しかし、そもそも被告が「悪いことをした」のかどうかは、裁判所が審理をしてみないとわかりません。原告が、嫌がらせのために訴えを提起した可能性だってあるのです。

するとたとえば、被告が住所など活動の中心地を日本に有していれば、そのような被告に対する訴えについて、日本に国際裁判管轄を認めてよいことになるでしょう。日本が活動の中心地とはいえなくても、事務所や営業所といった拠点が日本に置かれている場合や、日本で事業活動をしている場合なども国際裁判管轄が認められてよい場合が多いと考えられます。

さらにまた、この点を、被告の**予測可能性**という言葉で表現することもあります。被告の日本との関連性などから、日本でそのような訴えが提起されることを客観的に予測し、覚悟すべき場合には、日本の国際裁判管轄を肯定してよいだろう、というわけです。

他方、原告の利益もまったく無視してよいわけではありません。

原告の訴えについて日本の国際裁判管轄が否定されると、原告がその権利を実現するためには、他国での訴え提起を余儀なくされることになります。そうなると、原告は泣き寝入りをせざるをえないこともあるかもしれません。このような意味での、**原告の権利保護**あるいは原告の裁判を受ける権利への一定の配慮も必要と考えられます。

また、第Ⅷ章でも説明したように、ある国で下される判決の効力が直接及ぶのは、その国境の内側に限られます（189頁）。原告の立場からこれをみると、ある国において判決の効力を生じさせるためには、その国で判決を取得することが近道ということになります。すると、日本で判決の効力を生じさせることに十分な理由がある場合には、日本の国際裁判管轄を認める方向に判断は傾くということになります。この観点を、「**判決の実効性**」という言葉で表現することもあります。

以上、被告の利益への配慮を重視しつつ、原告の権利保護や判決の実効性にも目を配る、といったことが当事者間の公平として考えられるところと思われます。

● **適正かつ迅速な裁判**　裁判が適正かつ迅速になされることは当事者にとっても裁判所にとっても望ましいということができます。

まず、裁判所が事実を認定するために必要な証拠が日本にあれば、適正な裁判が期待できるでしょう。

また、原告と被告とが十分かつ公平に主張立証を日本で行える場合にも、適正な裁判が期待できることになります。もっとも、

この点は当事者間の公平としてすでに考慮した点と重なるものでしょう。

これに加えて、上に原告の利益との関係で述べた「判決の実効性」という要素を、判決を迅速に実現できるようにするものと理解すると、裁判の迅速という観点からも考慮すべき要素ということになります。

このほかに、準拠法が日本法となる場合には準拠法を正確に適用して迅速に裁判ができるとして、そのような場合には日本に国際裁判管轄を認める方向に判断が傾くとする立場もみられます。すると反対に、準拠法が外国法である場合には日本に国際裁判管轄を認めない方向に判断が傾くことになります。このような考え方に対しては、日本の裁判所で外国法を適用することを当然の前提としている国際私法の見地から疑問であるとの批判もあるところです。

2 民事訴訟法の国際裁判管轄規定

国際裁判管轄について、一般的に考慮すべき要素は以上のようにまとめられます。これらの要素を考慮して置かれたのが民事訴訟法の国際裁判管轄に関する規定です。明文の規定が置かれた現在では、民事訴訟法が適用される事件、つまり財産関係の民事訴訟事件に関する国際裁判管轄については、もっぱら民事訴訟法によって判断されることになります。これまで判例によって定立された「当事者間の公平」や「裁判の適正・迅速」といった規範が直接適用されることはありません。

民事訴訟事件の国際裁判管轄について具体的には、民事訴訟法第1編第2章第1節、すなわち同法3条の2から3条の12までが規定しています。

　このうち、3条の11と3条の12は、国際裁判管轄の有無を判断する際の手続法的な問題について規定しているものです。ここではひとまず横に置いておきましょう。

　それ以外の条文の中では、まず、3条の5の規定する「管轄権の専属」に注意が必要です。第Ⅷ章で説明したように、ある民事事件についての国際裁判管轄は複数の国に認められるのが原則です（180頁以下参照）。しかし例外的に、特定の国の裁判所にのみ国際裁判管轄が認められるべきであるとされる場合があります。一般に、ある国にのみ管轄が認められ、他の裁判所には認められないということを「管轄（権）が専属する」といい、そのようないわば排他的な管轄を「専属管轄」と呼びます。管轄権の専属について定めている3条の5を受けて、3条の10も管轄権が専属する場合について他の条項は適用されないと定めています。

　専属管轄についての規定が適用されない場合については、一般に3条の2と3条の3とが、日本に国際裁判管轄が認められる根拠を定めています。管轄が認められる根拠のことを「**管轄原因**」といいます。

　迷路のたとえ話でいえば、管轄原因は、日本の裁判所という迷路に入場するためのチケット、ということになるでしょう。チケットにはいろいろな種類がありますが、どのようなものであっても、とにかくチケットを1枚もっていれば、日本の裁判所という

迷路に入場することが認められるのです。

　3条の2は、被告の住所等が日本にある場合に、あらゆる民事事件について日本の国際裁判管轄を認めるものです。これに対し3条の3は、1号から13号まで、それぞれ個別の事件類型ごとに管轄原因を定めています。

　これに加えて、3条の6から8においては、若干特殊な管轄原因について規定しています。

　以上は、国内土地管轄に関する4条以下の規定を、必要な場合には修正を加えたうえで、国際裁判管轄についての規定として置いたものです。これに対して、3条の4および管轄権の合意についての3条の7第5項・第6項は、消費者契約および労働契約に関して、国内土地管轄については存在しない特則を国際裁判管轄について置いたものです。

　最後に残った3条の9は、以上の規定によれば日本に国際裁判管轄が認められる場合であっても、日本で裁判すべきでないような特別の事情がある場合には、原告の訴えを却下するものとした規定です。これもやはり、国内土地管轄には類似の規定のないものです。あるいは、国内土地管轄について、訴えが提起された裁判所に管轄がある場合でも移送を認めるという17条に相当する規定といえるかもしれません。

　さて、以上の説明の順に、個別の規定をみていきましょう。

3 管轄権の専属（民訴法3条の5、3条の10）

　民訴法3条の5は、会社法上の訴えなど3種類の訴えについて、

日本の裁判所の専属管轄を定めています。これら3種類の訴えに関しては、同条で規定されている場合について、日本の裁判所のみが国際裁判管轄を有するというわけです。わかりやすく短い同条2項を引用しておきましょう。

> 3条の5② 登記又は登録に関する訴えの管轄権は、登記又は登録をすべき地が日本国内にあるときは、日本の裁判所に専属する。

このように同条2項においては、「登記又は登録に関する訴え」について、「登記又は登録をすべき地が日本国内にあるとき」には、日本のみが国際裁判管轄を有するものとされているのです。

もっとも、日本が「民訴法3条の5の掲げる民事事件について管轄権は日本に専属する」と規定していても、外国の裁判所はそれを無視して、そのような民事事件について判決を下すかもしれません。日本は、日本の裁判所に専属管轄が認められる事項について外国裁判所が判決を下すことを止めることはできません。にもかかわらず民事訴訟法が、管轄権が日本の裁判所に「専属する」と規定することの意味はどこにあるのでしょうか。

第1に、この規定は、日本の裁判所への訴えについて意味があります。3条の5の訴えについては、同条に規定された地が日本国内にない場合には、それ以外の規定によって日本に国際裁判管轄を認めることはできません。そのことを明確に定めているのが3条の10です。

> 3条の10　第3条の2から第3条の4まで及び第3条の6から前条までの規定は、訴えについて法令に日本の裁判所の管轄権の専属に関する定めがある場合には、適用しない。

　ここで、「訴えについて法令に日本の裁判所の管轄権の専属に関する定めがある場合」とは、民訴法3条の5のような定めがある場合を、それらの規定を「適用しない」とは、それらの規定に基づいて日本の国際裁判管轄を肯定することはできないということを、それぞれ意味します。第Ⅷ章で、ある1つの民事事件について、国際裁判管轄を認める根拠は複数ありうると書きましたが (180頁以下)、民訴法3条の5の訴えについては、例外的に、同条の規定するものしか管轄原因とはならないのです。

　また第2に、この規定は、外国裁判所への訴えについても無意味なものではありません。日本の裁判所に管轄権が専属する民事事件について、外国裁判所が判決を下すことそのものを止めることはできませんが、そのような場合に外国裁判所が国際裁判管轄を有しないと「評価する」ことは可能です。そして、そのような評価は、第Ⅹ章で検討する、外国判決の承認の局面で意味をもってくるのです。

4　一般的な管轄原因

●被告の住所等による国際裁判管轄（民訴法3条の2）

　民訴法3条の5が列挙している訴えに該当しない場合には、3条の2により、被告が人（自然人）である場合にはその住所が、

法人等である場合にはその主たる事務所または営業所が、それぞれ日本にある場合に、日本の国際裁判管轄が認められることとなります。

> 3条の2① 裁判所は、人に対する訴えについて、その住所が日本国内にあるとき……は、管轄権を有する。
> （2項略）
> ③ 裁判所は、法人その他の社団又は財団に対する訴えについて、その主たる事務所又は営業所が日本国内にあるとき……は、管轄権を有する。

　3条の2の定める管轄原因については、それが妥当する訴えの種類（事件類型）は特に定められていません。したがって、3条の5があげる訴え以外のどのような訴えであっても3条の2に該当すれば日本で訴えを提起できるのが原則ということになります。

　この章の冒頭で説明したとおり、国際裁判管轄については被告の利益に配慮する必要があります。また、3条の2のように、その事件類型を問わずに日本の国際裁判管轄が認められる地があることは、原告にとっても悪いことではありません。個別の事件類型のいずれに該当するかを検討することなく、被告の住所等が日本にあれば、そこで訴えを提起できるからです。

●個別の事件類型ごとに認められる国際裁判管轄（民訴法3条の3）

　民訴法3条の2が事件類型を限定せずに被告の住所地を国際裁判管轄の根拠としているのに対し、3条の3は、個別の事件類型ごとに一定の地に国際裁判管轄を認める旨を規定してい

ます。3条の3には1号から13号までが置かれており、各号には、一定の事件類型と、その類型についてどのような地が日本国内にあれば日本の国際裁判管轄を認めるかという管轄原因とが定められているのです。

たとえば3条の3第8号は以下のように規定しています。

> **3条の3(八) 不法行為に関する訴え** 不法行為があった地が日本国内にあるとき（外国で行われた加害行為の結果が日本国内で発生した場合において、日本国内におけるその結果の発生が通常予見することのできないものであったときを除く。）。

左側に書かれた「不法行為に関する訴え」に該当する訴えについては、右側に書かれた「不法行為があった地が日本国内にあるとき（……を除く。）」に日本の国際裁判管轄を認める、というわけです。

3条の3の各号には、それぞれ、そのような訴えの類型について、そのような地に国際裁判管轄を認めるべき理由があります。たとえば、ここであげた3条の3第8号に関していえば、不法行為に関する訴えについて不法行為地に管轄を認めることは、被害者（と自称する者）の保護になります。また、加害者（とされる者）としても、その地で裁判をすることは予測すべきものといえ

るでしょう。そして何よりも、不法行為地には、不法行為についての証拠が多数存在すると考えられるのです。

　3条の3が列挙する事件類型は、相互に排他的なものではありません。1つの訴えが、ある事件類型に該当するとともに、別の事件類型に該当する、ということも当然にありうることとされています。

　たとえば、3条の3第3号は、次のように規定しています。

> **3条の3㈢　財産権上の訴え**　請求の目的が日本国内にあるとき、又は当該訴えが金銭の支払を請求するものである場合には差し押さえることができる被告の財産が日本国内にあるとき（その財産の価額が著しく低いときを除く。）。

　不法行為に基づく損害賠償請求の訴えは、先ほどあげた3条の3第8号の「不法行為に関する訴え」に該当しますが、同条3号の「財産権上の訴え」にも該当するのです。そしてもちろん、このような不法行為に基づく損害賠償請求についても、3条の2により日本の国際裁判管轄を肯定することが可能です。

　このように、国際裁判管轄については、複数の規定のどれか1つに基づいて日本に国際裁判管轄が認められればよいということになります。どんな理由であってもチケットが1枚入手できれば、迷路に入れてもらえる、というわけですね。

5 特殊な管轄原因

●併合請求における管轄権 (民訴法3条の6)

民訴法3条の6は次のように規定しています。

> 民訴法3条の6　一の訴えで数個の請求をする場合において、日本の裁判所が一の請求について管轄権を有し、他の請求について管轄権を有しないときは、当該一の請求と他の請求との間に密接な関連があるときに限り、日本の裁判所にその訴えを提起することができる。ただし、数人からの又は数人に対する訴えについては、第38条前段に定める場合に限る。

　これは、1つの訴えで数個の請求をする場合、それらの請求の中に、その請求のみを単独で訴えた場合には日本の国際裁判管轄が認められないものが含まれていても、①他の請求について日本の国際裁判管轄が認められること、②それらの請求が密接に関連すること、という2つの要件をみたす場合には、数個の請求すべてについて日本に国際裁判管轄を認めようという規定です。密接に関連する請求であればあわせて審理判断することにしても被告の負担をそれほど増やすおそれは少なく、審理の長期化を招くおそれも少ないと考えられますし、密接に関連する複数の請求をあわせて審理判断することで、それらを整合的に解決することも期待できることがその理由です。

　同条のただし書は、当事者が複数の場合についてのものですが、この本ではふれません。

なお、3条の6は、原告が複数の請求をする場合についての規定ですが、反対に、被告が原告に対して**反訴**を提起する場合にも、同様のルールが、民訴法146条3項によって採用されています。

●**管轄権に関する合意**（民訴法3条の7第1項から第4項）　第Ⅷ章でも説明したように、国際民事紛争の当事者にとって、国際裁判管轄は非常に重要な問題です（188頁以下参照）。すると、その点についての判断を当事者に委ね、当事者の予測可能性を確保することも考えられることになります。契約準拠法の決定を当事者に委ねた通則法7条と同じ発想ですね。

このような、**国際裁判管轄の合意**について定めているのが民訴法3条の7です。

> 民訴法3条の7① 当事者は、合意により、いずれの国の裁判所に訴えを提起することができるかについて定めることができる。
> ② 前項の合意は、一定の法律関係に基づく訴えに関し、かつ、書面でしなければ、その効力を生じない。

1項は、当事者による国際裁判管轄の合意が認められることを示す原則規定です。

2項は、国際裁判管轄の合意について2つの要件を課しています。第1に、それは「一定の法律関係に基づく訴えに関」するものでなくてはなりません。これは、たとえば「2人の間に何か起こったときには、必ず日本で裁判することにしよう」というような、国際裁判管轄の合意が妥当する範囲について何らの限定も付されていないものには効力を認めないという趣旨です。第2に、

それは「書面」でしなければならず、口頭での約束では効力は認められません。2項は、国際裁判管轄の合意の影響の大きさから、当事者がその合意の及ぶ範囲を明確にしたうえで慎重に判断した場合に限って、その効力を認めることにしたものということができるでしょう。

3項は、コンピュータ画面上で内容を確認したような場合も、2項の書面性の要件をみたすとしたものです。条文の引用は省略します。

4項については少し説明が必要でしょう。

> 民訴法3条の7④　外国の裁判所にのみ訴えを提起することができる旨の合意は、その裁判所が法律上又は事実上裁判権を行うことができないときは、これを援用することができない。

外国の裁判所にのみ訴えを提起できる旨の合意が有効とされますと、日本の国際裁判管轄は否定されることになります。したがって、そのような合意に反して日本の裁判所に提起された訴えは却下されることになります。ところがその場合、何らかの理由により合意された外国裁判所でその訴えをとりあげてもらえないとなると、結局そのような訴えは世界中のどの国でもとりあげてもらえないことになってしまいます。それは裁判を受ける権利という観点から問題がありますし、当事者もそのつもりで国際裁判管轄の合意をしたとは考えられないでしょう。

そこで、外国の裁判所にのみ訴えを提起できる旨の合意につい

ては、合意された外国において実際に裁判をしてもらえる場合に限って、日本の裁判でその合意を主張することを認めよう、というのが4項の趣旨です。「援用することができない」とは、外国の裁判所にのみ訴えを提起できる旨の合意があることを理由として日本の国際裁判管轄を否定することはできない、という意味です。

それに続く5項および6項は、消費者契約や労働契約における国際裁判管轄の合意に関する特則ですので、消費者契約等についての *6* に譲ることにしましょう。

●**応訴による管轄権**
（民訴法3条の8）　原告と被告との間で合意があれば国際裁判管轄を認める、という民訴法3条の7を一歩進めると、原告の訴えに対して被告が「よし、ここで裁判することに賛成だ」という態度を示せば、その国に国際裁判管轄を認めてよいではないか、と考えられることになります。

また、そもそも国際裁判管轄という迷路の入口の問題は、早めに決着をつけておきたい争点です。訴訟の内容について審理が進んだ段階で被告がおもむろに「日本には国際裁判管轄がない」と主張することを許してしまうと、それまでの審理が無駄になりますし、ここで裁判できると考えて時間と費用を投じた原告の利益も害してしまいます。迷路の中に入り、かなり進んだところで、「そのチケットはニセモノだった」などといわれて迷路から追い出されるのでは困る、というとイメージがわくでしょうか。

そこで、民訴法3条の8は次のように規定しています。

> 民訴法3条の8　被告が日本の裁判所が管轄権を有しない旨の抗弁を提出しないで本案について弁論をし、又は弁論準備手続において申述をしたときは、裁判所は、管轄権を有する。

　これは、被告が国際裁判管轄について争うつもりがあるのなら、その主張は最初に行うように促す規定です。そして、もしそうしないのであれば、原告と被告との間に合意があったのと同様に、日本の国際裁判管轄を認めてしまうというわけです。

6　消費者契約および労働関係に関する訴えの管轄権

●総　　説　　民訴法3条の4は、消費者契約や労働契約に関しての特則です。また、3条の7第5項・第6項は、こういった契約における国際裁判管轄の合意に関して特則を設けるものです。いずれも、国内土地管轄には類似の規定は置かれておらず、国際裁判管轄独自の規定として注目されるものです。

　第Ⅳ章でもふれたように、消費者契約や労働契約については、準拠法選択に関しても、契約当事者間に交渉力等の格差が大きいことを理由に、消費者または労働者を保護するような特則が置かれていました（84頁以下）。同様の配慮は国際裁判管轄についても必要であると考えられ、置かれたのがこれらの規定です。

　なお、消費者契約は消費者と事業者との間の契約、労働契約は労働者と事業主との間の契約ですが、以下の説明では、消費者と労働者をあわせて消費者等、事業者と事業主とをあわせて事業者等、消費者契約と労働契約とをあわせて消費者契約等と記すこと

があります。

●**一般的な規定（民訴法3条の4）**　民訴法3条の4は、消費者契約等における消費者等と事業者等との間の訴えについて、一般的に適用される規定です。

まず、3条の4第1項は、消費者から事業者に対する訴えについて、消費者の住所地が日本国内にあれば、日本に国際裁判管轄を認めることとしました。日本にいる消費者に対して、外国での訴え提起を求めることは現実的ではありません。そのような消費者に日本での訴え提起を認めることで、消費者に対して裁判を受ける権利を実質的に保障することがこの規定の目的です。

> 民訴法3条の4①　消費者……と事業者……との間で締結される契約……に関する消費者からの事業者に対する訴えは、訴えの提起の時又は消費者契約の締結の時における消費者の住所が日本国内にあるときは、日本の裁判所に提起することができる。

2項は労働契約に関する労働者からの事業主に対する訴えについて、1項と同様に労務の提供の地が日本国内にあるときは、日本の裁判所に提起することができるものとしています。「労務の提供の地」とは労働者が働いている国を意味します。なお、条文ではそもそも労働契約が存在しない場合にも適用できるように、「個別労働関係民事紛争」という文言が用いられていますが、この本ではわかりやすくするため、「労働契約」として説明していくことにします。

3項は、1項・2項とは反対に、事業者等から消費者等に対する訴えについての規定です。

> 民訴法3条の4③　消費者契約に関する事業者からの消費者に対する訴え及び個別労働関係民事紛争に関する事業主からの労働者に対する訴えについては、前条の規定は、適用しない。

このような訴えについては、前条の規定、つまり3条の3が適用されないというわけですから、3条の3各号のいずれかに基づいて日本に国際裁判管轄を認めることはできないことになります。したがって、そのような訴えについては、一般的な管轄原因としては、3条の2に基づいて、被告（つまり消費者または労働者）の住所が日本にある場合に限って日本に国際裁判管轄が認められるということになるのです。消費者等にとって、外国で応訴することは大きな負担であることに配慮した規定です。

●**管轄合意がある場合**
（民訴法3条の7第5項・第6項）

3条の7第5項・第6項は、消費者契約等における国際裁判管轄の合意を制限することを目的とする規定です。

これらの契約においては、その内容を事実上決定するのは、交渉力の強い当事者、つまり消費者ではなく事業者、労働者ではなく事業主ということになります。したがって、消費者契約等における国際裁判管轄の合意は、事業者等にとって都合のよい内容が消費者等に押しつけられた可能性が高いといえます。そこで、原則としてそのような合意には効力を認めないこととしたのがこれ

らの規定です。

　もっとも、そのような国際裁判管轄の合意であっても、例外的にその効力を認めるべき理由がある場合も考えられます。具体的には、次の3つの場合には、例外的に国際裁判管轄の合意の効力を認めることとされました。

　第1に、具体的な紛争が生じてから国際裁判管轄の合意を行った場合です。このような場合には、消費者等が事業者等の強い影響を受けずに慎重に判断して合意をしたものと考えられることが、このような合意に効力を認める理由です。

　第2に、消費者等が、自ら合意の有効性を主張している場合です。消費者等が原告となり訴えを提起した場合と、被告とされた消費者等が「合意があるのだからこの国に国際裁判管轄は認められない」と主張した場合（合意を援用した場合）とがこれにあたります。消費者や労働者が合意を有効とすることを自ら望む場合には、それを否定する理由はないというわけです。

　第3に、事業者等の消費者等に対する訴え提起に十分な理由があった国において、その後に事情が変化しても訴えの提起を可能とするような合意です。この点は少し説明が必要でしょう。

　すでに説明したように、事業者等から消費者等の訴えについては、3条の4第3項により、一般的には3条の2により被告である消費者等の住所地が日本にある場合に限り、日本の国際裁判管轄が認められることになります。ここでいう被告の住所地は、訴えが提起された時点を基準に判断されます（民訴法3条の12）。すると、契約締結時点では日本に住所を有していた消費者等が、消

費者契約の締結後あるいは労働契約の終了後（退職後）に、住所を外国に移してしまうと、事業者等は消費者等に対する訴えを日本で提起することはできなくなってしまいます。そのような場合には、事業者等は、消費者等の移住先で訴えを提起する必要があることになります。それは事業者等に酷にすぎると考えられます。

　そこで、契約に関連する一定の地における訴え提起を可能とする国際裁判管轄の合意の効力を認め、そのような合意をすれば、仮にその後に消費者等が住所を変更するといったことがあっても、その地での訴え提起を認めることとしたのです。その地は、消費者契約については「消費者契約の締結の時において消費者が住所を有していた国」、労働契約については「労働契約の終了の時……における労務の提供の地がある国」です。なお、労働契約については、労働契約の終了時の合意に限定しています。

　なお、この第3の例外においては、その地において事業者または事業主からの訴えが可能となればよいのであり、国際裁判管轄の合意にそれ以上の強い効力は認める必要はないとされました。したがって、「A国においてのみ訴えが提起できる」というような、合意した国以外の国での訴えの提起を否定する合意をしても、「A国以外の国では訴えが提起できない」という部分については、合意の効力は認めないこととされたのです。ですから、たとえば消費者等から事業者等に対する訴えについて、これによって国際裁判管轄が制限されることはありません。

　以上の説明をまとめて条文にしたものが、3条の7第5項・第6項ということになります。ここでは消費者契約についての5項

のみを引用しておきましょう。なお、ここで「第1項の合意」とは、国際裁判管轄の合意を指します。

> 民訴法3条の7⑤　将来において生ずる消費者契約に関する紛争を対象とする第1項の合意は、次に掲げる場合に限り、その効力を有する。
> ㈠　消費者契約の締結の時において消費者が住所を有していた国の裁判所に訴えを提起することができる旨の合意（その国の裁判所にのみ訴えを提起することができる旨の合意については、次号に掲げる場合を除き、その国以外の国の裁判所にも訴えを提起することを妨げない旨の合意とみなす。）であるとき。
> ㈡　消費者が当該合意に基づき合意された国の裁判所に訴えを提起したとき、又は事業者が日本若しくは外国の裁判所に訴えを提起した場合において、消費者が当該合意を援用したとき。

いかがでしょう。複雑ですが、一文ずつ読み解いていけば、以上の説明のとおりだと理解できると思います。頑張って読んでみてください。

7　特別の事情による訴えの却下（民訴法3条の9）

以上検討したように、民訴法3条の2から3条の8においては、日本の国際裁判管轄の根拠となるさまざまな管轄原因が規定されています。しかし第Ⅷ章で説明したとおり、当事者に重大な結果をもたらす国際裁判管轄については、より個別具体的な検討が必

要だと考えられます (190頁)。

そこで民事訴訟法は、以上のいずれかの管轄原因により原則として日本の国際裁判管轄を肯定できるような場合であっても、日本の裁判所に国際裁判管轄を認めるべきでないような例外的な場合には、訴えを却下できる旨の規定を置きました。それが3条の9です。

> 民訴法3条の9　裁判所は、訴えについて日本の裁判所が管轄権を有することとなる場合……においても、事案の性質、応訴による被告の負担の程度、証拠の所在地その他の事情を考慮して、日本の裁判所が審理及び裁判をすることが当事者間の衡平を害し、又は適正かつ迅速な審理の実現を妨げることとなる特別の事情があると認めるときは、その訴えの全部又は一部を却下することができる。

ここでは、「当事者間の衡平」や「適正かつ迅速な審理の実現」といった、この章の **1** で述べたような観点から、**特別の事情**があると認められるときには、訴えを却下できるものされました。そこで考慮すべきものとされている「事案の性質、応訴による被告の負担の程度、証拠の所在地その他の事情」といった点についても、すでに述べたところに譲りたいと思います。

3条の9は、例外的に日本の国際裁判管轄を否定する場合について規定しています。反対に、3条の2から3条の8までのいずれにもあたらないが、日本に国際裁判管轄を認めるべき場合には日本の国際裁判管轄を認める、といった趣旨の規定は置かれてい

ません。3条の2以下の規定によって、日本に国際裁判管轄を認めるべき場合は網羅されていて、そのいずれにもあたらない場合には国際裁判管轄を認める必要はないと判断されたものと考えられます。

------- この章のポイント -------

☑国際裁判管轄について判断する際に一般的に考慮すべき要素としては、「当事者間の公平」と「裁判の適正・迅速」とをあげることができます。

☑いくつかの訴えについては、国際的な「専属管轄」が認められており、特定の要素を有する国のみが国際裁判管轄を有するものとされています。

☑一般的な管轄原因として、民事訴訟法には、被告の住所等のほか、個別の事件類型ごとに認められる管轄原因が規定されています。

☑それ以外に、民事訴訟法の規定する管轄原因として、併合請求における管轄権、合意による管轄権、応訴による管轄権があります。

☑消費者契約や労働契約に関しては、消費者や労働者を保護すべきことから、国際裁判管轄について特則が置かれています。

☑民事訴訟法の規定する管轄原因が認められる場合でも、国際裁判管轄を否定すべき「特別の事情」があるとされる場合には、日本での訴えは却下されます。

第X章　お隣の迷路を通ったのですが
——外国判決の承認・執行のお話——

　第IX章で説明したルールに従って、日本の裁判所の国際裁判管轄について判断し、国際裁判管轄が認められると、その民事紛争について日本で審理判断することになります。

　日本の裁判所の下す裁判の効力という、迷路の出口に関する問題については、国際民事手続法独自に検討すべき問題はほとんどありません。対象としている民事紛争が国際的なものであっても、国内的なものであっても、日本の裁判所の裁判の効力に大きな違いは存在しないからです。

　ただ、国際民事紛争は、外国の裁判所において解決される場合もあります。そのような場合には、外国でなされた裁判の日本における効力という点が問題となります。

　日本の裁判制度という、自国の迷路を通過して下された裁判が、日本で効力を有するのは当然です。それでは、お隣の迷路ともいうべき外国の裁判制度を通過して下された裁判は、日本でも効力が認められるのでしょうか。仮に認められる場合があるとすれば、それはどのような場合で、どのような方法で認められるのでしょう。

　この第X章では、日本の判決の効力について簡単に確認したあとに、外国判決の日本での効力について考えていきたいと思います。

1 国内判決の効力

　第Ⅷ章および第Ⅸ章において、日本の国際裁判管轄について検討しました。これは、各国における民事手続という迷路の入口の話でした。この第Ⅹ章では、この迷路の出口の話をしていきます。

　まずは、日本の民事手続という迷路の出口、つまり日本でなされる判決の効力について、確認しておきたいと思います。日本の裁判所で民事紛争を解決する限りは、その対象が国際民事紛争であっても、国内的な民事紛争であっても、裁判の効力については、特に違った扱いはされていません。したがって、ここでは、日本の民事訴訟法の基本的な用語や制度を確認するということになります。民事訴訟法についてひととおりご存じの方は、次の *2* に飛んでいただいてかまいません。

　国際裁判管轄が肯定され、日本の裁判所という迷路に入ることが許されると、その迷路をくねくねと歩き、裁判所の判断という出口に至る、ということになります。その出口つまり裁判所の判断は、一般的には「裁判」といいますが、裁判にはいくつかの種類があり、原告と被告とが対立する訴訟手続についての裁判は「判決」と呼ばれます。裁判の形式としては、他に「決定」や「命令」などがあります。こういった裁判の中で、この章では、「判決」を念頭に考えていきたいと思います。

　判決のうち、下級審（最高裁以外の裁判所の）判決に対しては、一定の期間内であれば上級の裁判所に対して不服申立てを行うことができるのが原則です。不服申立てが認められない判決（最高

裁判決等）や不服申立てが可能な期間が経過した判決は「確定判決」と呼ばれます。確定判決であっても、それに対して「再審の訴え」を提起して不服申立てを行うことはできます（民訴法338条）から、確定判決は一般に「通常の不服申立方法によっては取消しや変更が不可能である判決」と定義されます。

確定判決は、訴訟の当事者と裁判所を拘束します。たとえばその後の裁判において、当事者は確定判決と矛盾する主張をすることはできませんし、裁判所は、確定判決と矛盾する判断を行うことはできません。確定判決のこのような効力を「**既判力**」と呼びます。つまり既判力とは、この点については「既」に「判」断しましたよ、という効「力」を意味します。

日本においては、既判力は「主文に包含するものに限り」認められるのが原則です（民訴法114条1項）。判決には、その結論を示す「主文」のほかに、理由も付されていますが、裁判所が理由の中だけで示した判断については、既判力は認められません。

判決に既判力が認められる根拠としては、まず、民事訴訟制度の趣旨目的といった点があげられます。これは要するに「裁判をして結論を出した以上は、『これにて一件落着！』ということにしなければ、裁判をした意味がない」ということです。時間と費用をかけて裁判をしてもそれを後からひっくり返せるというのでは、そのような民事裁判制度そのものに意味がない、ということになってしまうでしょう。

また、勝訴した当事者についていえば、その権利を保護するということも、既判力の根拠ということができるでしょう。もっと

もこれは、裁判で認められた権利が簡単に否定されるとするのは妥当でない、という意味なのですから、上に述べた「民事訴訟制度の趣旨目的」と重なる根拠ということもできるでしょうか。

　もっとも問題となるのは、敗訴した当事者に対して既判力が認められる根拠です。敗訴した当事者としては、裁判はなかったことにしたいわけです。そのような当事者に納得してもらうためには、「あなたは自分の考えを述べ、証拠を出す機会を十分に与えられたのだから、結果的に主張が認められなくても、裁判の結果は受け容れなければならないよ」ということになるでしょう。主張立証の機会すなわち手続保障が与えられているということが、敗訴した当事者に対しても既判力が認められる重要な理由だと考えられます。

　このような既判力は、すべての確定判決に認められる効力ですが、それに加えて、一定の内容の判決についてのみ認められる効力もあります。そのような効力として、ここでは「執行力」と「形成力」を説明しておきます。

　執行力とは、給付判決に認められる効力です。給付判決とは、被告に対して、特定の行為、たとえば「100万円支払え」というような一定金額の支払いを命じる判決です。そして、裁判所の給付判決が確定すると、それに基づいて、強制執行を行うことができます。強制執行を行いうる効力のことを執行力と呼ぶのです。

　強制執行をどのように行うかについては、「民事執行法」という法律が規定しています。同法22条は、「**債務名義**」つまり、「これをもっていれば、それに基づいて強制執行してもらえますよ」

というものを列挙していますが、確定判決はその冒頭にあげられています（同条1号）。

　強制執行の具体的なやり方は、債権者の有する権利の内容や、債務者の有する財産の種類によってさまざまです。裁判所だけでなく、執行官という裁判所職員が強制執行を行うこともあります。ここでは強制執行の細かな手続については省略しますが、日本の裁判所の確定判決は債務名義となり、それによって強制執行が可能である、という点は押さえておいてください。

　確定判決の効力として**形成力**が認められる場合もあります。形成力は、形成判決に認められる効力です。形成判決とは、当事者間の法律関係の変動を宣言する判決です。たとえば、「XとYとを離婚する」というものが形成判決ということになります。形成力とは、この「XとYとを離婚する」という判決によって、XとYとが離婚したことになる、という効力のことです。

　確定判決の効力についての以上の説明を簡単にまとめると、次のようになります。

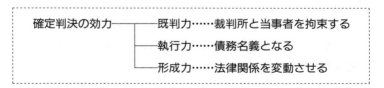

　判決の効力に関する正確な説明については、民事訴訟法についての教科書等をご覧ください。

2 外国判決の効力

●**判決の効力の及ぶ場所的範囲**　日本の裁判所の確定判決の効力は、日本国内すべてに及びます。那覇地裁で下された確定判決の既判力は北海道でも認められます。札幌地裁が下した「YはXに対して100万円支払え」という判決が確定すると、その確定判決に基づいて、Yが沖縄に有している財産に対して強制執行を行うことができます。東京家裁（家庭裁判所）の離婚判決が確定すれば、日本全国どの場所においても、その2人は離婚したことになります。

このように、確定判決の効力は日本津々浦々に及びます。しかし、確定判決の効力が、国境を越えて、外国にも及ぶのかというと、そのようなことはないと考えられています。

判決とは、すなわち国家機関である裁判所が下した判断です。そのような国家機関の判断が国境を越えて外国にも及び、外国が日本の判決に従った判断をしなければならないとすると、その外国は日本に従属した地位にあるということになってしまいます。それは、国家主権の独立・平等といった原則に反するものです。

したがって、日本の判決の効力が、外国に直接及ぶということは考えられません。

●**外国判決承認制度の根拠**　同様に、**外国判決の効力が日本に直接及ぶことはありません**。すると、ある民事事件について外国判決が下されていても、日本の裁判所がその外国判決と矛盾する判断をすることも、当事者が外国

判決と矛盾する主張を日本で行うことも、どちらも可能ということになります。

しかし、外国判決がすでに下されている場合に、日本ではそれを無視して自由に判断できるとすることが常に適切なこととはいえないでしょう。日本の裁判所の判決に既判力を認める根拠として先に述べた点は、外国裁判所の判決についても妥当するからです。

そのことは、日本と外国とを逆にして考えるとわかりやすいかもしれません。ある民事紛争について訴えが提起され、その民事事件について日本の裁判所が下した判決が確定した場合、日本では、その民事紛争については「決着済み」という扱いを受けます。しかし、日本の判決が外国では効力が認められないということとなると、外国においてであれば、当事者も裁判所も日本の判決と矛盾する主張や判断が可能だということになってしまいます。すると、日本の判決が「これにて一件落着！」としたことの意味が大きく損なわれますし、それによって保護される勝訴当事者の利益も害される可能性が生じます。敗訴した当事者についても、日本で十分に手続保障を与えられたにもかかわらず敗訴したのであれば、同一の事件について外国で改めて審理判断してもらえなくてもやむをえないと考えることができるでしょう。

これと同様に、外国判決の効力が日本では認められないこととなると、外国では決着済みとされた民事紛争を日本で蒸し返すことが可能となってしまいます。そのような帰結は、外国裁判所における紛争解決、勝訴当事者の保護、敗訴当事者に対する手続保

障といった、日本の裁判所の判決に既判力を認める根拠から考えて、妥当ではない場合があると考えられます。

同様の指摘は、執行力についても可能でしょう。外国判決において「10万ドル支払え」と命じられても、日本では外国判決の執行力は認められないとされると、敗訴した被告が、その国にもっている財産を日本に移しさえすれば、強制執行を免れることができてしまいます。それでは国境を越えた財産隠しが容易となり、勝訴当事者の権利の実現が困難となってしまいます。

さらに、外国判決の効力を日本で認めないことによって、「跛行的法律関係」が生じてしまうという問題もあります。跛行的法律関係とは、ある法律関係の存否について各国で判断が異なる状態のことで、特に形成判決について問題となります。たとえば、外国で離婚判決が下された場合、その国においては、2人はすでに離婚したものと扱われます。しかし、その外国離婚判決の効力が日本では認められないということとなると、日本では2人は依然として夫婦と扱われることになります。ある夫婦が離婚したか否かについての各国の判断が異なると、それに関連するさまざまな法的問題（誰が子の親権者と考えられるか、一方当事者がその後に行った再婚が有効か否か、女性が産んだ子が「夫婦」の嫡出子と扱われるか、一方当事者が死亡した場合に他方当事者が相続人となるかなど）についても各国の判断が異なる可能性が高まります。これは、当事者の法的地位を不安定なものにしてしまうでしょう。

このように、理論的には外国判決を無視することは可能なのですが、そうしてしまうと、さまざまな点で当事者とりわけ外国判

決で勝訴した当事者の正当な利益を害することとなる可能性があります。

そこで、日本は、一定の要件を課しつつ、外国判決の自国における効力を認めるという制度を採用しました。**外国判決の承認**制度です。

繰り返しになりますが、外国判決の効力が直接日本にも及び、日本の裁判所等がそれに従わなければならない、ということはありません。しかし、国際民事紛争の当事者の利益を保護するといった目的のために、日本が自主的な判断として、一定の要件をみたす外国判決の効力を認めることにした、というわけです。

3 外国判決の承認・執行制度の概要

外国判決の効力について規定している最も重要なものは、民訴法118条です。

> 民訴法118条　外国裁判所の確定判決は、次に掲げる要件のすべてを具備する場合に限り、その効力を有する。
> 　㈠　法令又は条約により外国裁判所の裁判権が認められること。
> 　㈡　敗訴の被告が訴訟の開始に必要な呼出し若しくは命令の送達（公示送達その他これに類する送達を除く。）を受けたこと又はこれを受けなかったが応訴したこと。
> 　㈢　判決の内容及び訴訟手続が日本における公の秩序又は善良の風俗に反しないこと。
> 　㈣　相互の保証があること。

このように、民訴法118条は、「外国裁判所の確定判決」が、同条1号から4号のすべての要件をみたす場合に、「その効力を有する」つまり日本での効力を承認するものと規定しています。同条で列挙されている外国判決の承認要件については、次の **4** で検討することとし、ここではまず、外国判決の承認についての基本原則である「実質的再審査の禁止」と「自動承認の原則」について説明し、外国判決に基づいて強制執行を行う場合についての「執行判決制度」について紹介することにします。

●**実質的再審査禁止の原則**　外国判決の日本における効力を承認しない場合には、外国判決でとりあげられた民事紛争について、日本の裁判所で改めて準拠法を適用し、両当事者の主張の正当性を証拠に照らして判断することになります。外国判決の日本における効力を承認することの意味は、まさにこのような「蒸し返し」を許さないという点にあるのです。

　つまり、外国判決の承認という制度を採用する以上は、外国判決で判断された民事紛争を日本で再度審理してはならない、ということになります。そのような原則を「**実質的再審査禁止の原則**」といいます。

　実際に、民訴法118条にあげられている承認要件の中に、外国判決の判断内容に関わるものはほとんどありません。唯一の例外は、3号の「判決の内容……が日本における公の秩序又は善良の風俗に反しないこと」という要件です。しかしこの要件は、準拠法選択について通則法42条の定める公序と同様に、外国判決を承

認することが日本の公序に反するかを問題にしているにすぎません。つまりこの要件も、民事紛争を改めて審理判断しようという実質的再審査とは異なるものということができます。

● **自動承認の原則**　　外国判決の承認についての民訴法118条は、一定の要件をみたす外国判決は「その効力を有する」としています。そこでは、何らの手続も必要としていません。

　外国判決の承認についてどのような要件を課すのかという問題と、承認要件をみたす外国判決が実際に自国で効力を有するために一定の手続を必要とするかという問題とは別の問題です。民訴法118条のように承認要件を定めつつ、外国判決の効力を認めるためには承認要件の存在を確認する日本の裁判所の判決を必要とする、という立場もありえます。しかし、民訴法118条はそのような手続についてまったく定めずに、要件をみたす外国判決は「効力を有する」としているのです。

　これはつまり、民訴法118条に規定された要件をみたす外国判決は、何らの手続を経ることなく、日本において効力が認められることを意味します。

　承認要件をみたす外国判決について、何ら特別の手続を経ることなく法律上当然に自国における効力が認められるとする原則を、「**自動承認の原則**」と呼びます。日本は自動承認の原則を採用したということになります。

　たとえば、ある外国判決においてAとBとの間に法的親子関係が存在するものと確認され、その外国判決が民訴法118条の要件

第Ⅹ章　お隣の迷路を通ったのですが　　229

をみたすとして日本で承認されたとしましょう。すると、特に裁判所の判断を得ることなく、日本においてもAとBとは法的に親子であるとされ、それを前提に、戸籍の訂正を求めたり、Aの死亡後にBがその相続分を主張したりすることができることになるのです。

●執行判決制度　このような自動承認の原則により、外国判決の既判力は何らの手続を経ることなく日本でも認められることになります。外国判決の形成力も同様で、外国でなされた「AとBとを離婚する」旨の判決が日本で承認されれば、AとBとは日本においても夫婦ではないものとなります。

これに対して、執行力については、異なる扱いがされています。

先にみたように、強制執行は、「債務名義」（これをもっていれば、それに基づいて強制執行してもらえるもの、でしたね）に基づいて行われます。強制執行は、文字通り、権利を強制的に実現してしまうものですから、それを行うことに対しては慎重であるべきだと考えられ、外国判決については、その承認要件をみたしたことが確認された場合にのみ、債務名義となるものとされました。

債務名義についての民事執行法22条の規定をみてみましょう。

> 民執法22条　強制執行は、次に掲げるもの（以下「債務名義」という。）により行う。
> 　㈠　確定判決
> 　　（2号〜5号略）
> 　㈥　確定した執行判決のある外国裁判所の判決（以下略）

先に、1号の「確定判決」が債務名義であることを説明しましたが、そこでいう「確定判決」は日本の裁判所の確定判決という意味でした。22条をもう少し読んでいくと、6号で「確定した執行判決のある外国裁判所の判決」も債務名義とされていることがわかります。つまり、「外国判決」に「執行判決」があれば、債務名義となり、それに基づいて強制執行が可能となる、というわけです。

　執行判決とは、外国判決が承認要件をみたすかどうかを審査し、承認要件をみたす外国判決については、それに基づく強制執行を許す旨の日本の裁判所の判断です。具体的には、民事執行法24条が規定しています。

> 民執法24条① 外国裁判所の判決についての執行判決を求める訴えは、債務者の普通裁判籍の所在地を管轄する地方裁判所が管轄し、この普通裁判籍がないときは、請求の目的又は差し押さえることができる債務者の財産の所在地を管轄する地方裁判所が管轄する。
> ② 執行判決は、裁判の当否を調査しないでしなければならない。
> ③ 第1項の訴えは、外国裁判所の判決が、確定したことが証明されないとき、又は民事訴訟法第118条各号に掲げる要件を具備しないときは、却下しなければならない。
> ④ 執行判決においては、外国裁判所の判決による強制執行を許す旨を宣言しなければならない。

　同条1項は、執行判決を求める訴えについての土地管轄を定める規定です。

2項は、先ほど紹介した実質的再審査禁止の原則を明文で定めているものです。実質的再審査禁止の原則は外国判決の承認一般に妥当するものですが、立法の歴史的経緯により、民事執行法に規定が置かれているのです。

　3項は外国裁判所の判決が確定したことと、民訴法118条各号の要件を備えていることとを執行判決の要件としています。この2つの要件をみたすとは、つまり、民訴法118条の要件をみたすことを意味します。

　4項もあわせてまとめると、外国判決に基づき日本で強制執行を行おうと考えた者は、裁判所に執行判決を求める訴えを提起し、裁判所は民訴法118条の要件をみたす場合にはその訴えを認めて外国裁判所の判決による強制執行を許す旨の執行判決をする、ということになります。

　このように、日本においては、承認要件をみたす外国判決の既判力や形成力は何らの手続を経ることなく認められますが、執行力については、裁判所が承認要件を審査して執行判決をしてはじめて外国判決にも認められるのです。

4　外国判決の承認要件

　民訴法118条の規定する外国判決の承認要件は、外国裁判所の確定判決が同条1号から4号の要件をすべてみたすことです。

　同条の承認の対象となるものは、「**外国裁判所の確定判決**」です。ここで、「外国裁判所」の意義については特に検討は不要でしょう。また、「確定」が「通常の不服申立方法によっては取消しや

変更が不可能である」状態を意味することはすでに述べました。「判決」という言葉は、裁判の形式の1つとして国内法上は特定の意味をもつものです。しかし、外国裁判所の下した裁判の中で、特に「判決」に相当するものに限定して承認の対象とする必要はないと考えられます。そこで、最判平成10・4・28（民集52巻3号853頁）は、民事執行法24条の「外国裁判所の判決」の意義について、「外国の裁判所が、その裁判の名称、手続、形式のいかんを問わず、私法上の法律関係について当事者双方の手続的保障の下に終局的にした裁判をいう」と判断しました。このような広い定義に基づいて、その判決では、香港裁判所の訴訟費用負担命令も、同条にいう「外国裁判所の判決」にあたるとされたのです。民事執行法24条のみならず、民訴法118条にいう「判決」も、同様に柔軟に理解すべきであると考えられます。

　以上で「外国裁判所の確定判決」という要件についての説明を終えたこととし、以下では、民訴法118条各号の要件を順にみていくことにしましょう。

●**外国裁判所の裁判権（1号）**　民訴法118条1号は、「法令又は条約により外国裁判所の裁判権が認められること」を外国判決の承認要件としています。ここで、「裁判権」という言葉は、**国際裁判管轄**を意味するものですから、同号は、外国判決を下した裁判所がその事件について国際裁判管轄を有していることを外国判決の承認要件としているということになります。

　国際裁判管轄といえば、日本で国際民事紛争を審理判断すべき

かどうかの問題ということで、すでに検討しました。そこで検討した問題、つまり自国の裁判所に国際裁判管轄が認められるか否かという問題を「**直接管轄**」と呼びます。これに対して、外国判決の承認要件として問題となる、外国裁判所に国際裁判管轄があるか否かという問題を「**間接管轄**」と呼びます。直接管轄については、ある訴えについてそれが否定される場合には、その訴えについて日本で審理判断すべきではないことになり、訴えは却下されます。間接管轄については、ある訴えについてそれが否定される場合には、その訴えについて当該外国で審理判断すべきではなかったということになり、日本での承認が拒絶されることになるのです。

　直接管轄も間接管轄も、ある国の裁判所において、ある訴えにつき審理判断することが場所的な関連性等の見地から妥当であるかという同じ問題を扱うものということができます。そのため、直接管轄の判断基準と間接管轄の判断基準とは原則として同一のものと考えられています。平成23（2011）年の民事訴訟法の改正により直接管轄についての規定を新設する際も、そこに置かれる規定が間接管轄の基準としても用いられることを意識し、その点もふまえて規定内容が定められているのです。

　もっとも、直接管轄の判断基準と間接管轄の判断基準が厳密な意味で一致するかについては、最高裁は否定的です。最判平成26・4・24（民集68巻4号329頁）は、間接管轄の有無について、「基本的に我が国の民訴法の定める国際裁判管轄に関する規定に準拠しつつ、個々の事案における具体的事情に即して、外国裁判

所の判決を我が国が承認するのが適当か否かという観点から、条理に照らして判断すべきもの」としました。つまり、間接管轄については、直接管轄に関する規定に準拠しつつも、より柔軟な判断を可能にする枠組みを採用したのです。もっとも、この最高裁判決では、間接管轄について、直接管轄に関する民事訴訟法の規定に沿った判断がされており、両者が具体的にどのように異なるのかについては明らかにされていません。

　この本は入門書ですから、「間接管轄の判断基準と直接管轄の判断基準とは大体同じ」と理解しておくことにしましょう。

●**敗訴被告への送達または応訴（2号）**　民訴法118条2号は、「敗訴の被告が訴訟の開始に必要な呼出し若しくは命令の送達（公示送達その他これに類する送達を除く。）を受けたこと又はこれを受けなかったが応訴したこと」を外国判決の承認要件として規定しています。

　訴訟手続の当事者のうち、原告は自ら訴えを提起する者ですから、原告が知らないうちに訴訟手続が開始するということは考えられません。これに対して、被告が知らない間に訴訟手続が開始され、被告敗訴の判決が下されるという事態は起こる可能性があります。先ほど既判力の根拠について、敗訴した当事者についても、十分な手続保障を与えた以上は既判力を及ぼしてよいと考えられると説明しました。訴訟手続が被告の知らない間に開始されたような場合には、被告に十分な手続保障が与えられたとはとうていいえません。したがって、そのような手続によって成立した外国判決の効力を日本で認めるべきではないとされたのです。

このように、民訴法118条2号の趣旨は、被告に対してその主張等の機会を与えるという点にあります。そのために、「送達……を受けたこと」または「応訴したこと」のどちらかをみたせばよいとされたのです。

送達を受けたこと、という要件については、どのような送達であればここでいう送達といえるかが問題となります。

まず、明文の規定により「公示送達」が除外されています。公示送達とは、被告の住所等がわからないといった理由で、通常の送達を経て手続を進めることがむずかしい場合に、「送達すべき書類は、裁判所で預かっているから、いつでも取りに来てね」などと裁判所の掲示場に掲示して行う送達です（民訴法110条以下参照）。

公示送達はこのようなものですから、公示送達によって、被告が自分に対して訴えが提起されたことを実際に知ることは考えられません。すると、外国における訴訟手続が公示送達によって開始され、被告がそのまま敗訴したというような場合には、被告に対して十分な手続保障が与えられたとはいえないことになります。以上のような理由から、民訴法118条2号は、公示送達による場合には同号の要件をみたしたとはいえないと明文で定めているのです。

他方、各国にはそれぞれの送達制度がありますから、外国でなされる送達が日本法では認められていないようなものであっても、有効な送達と認めるべき場合も当然考えられます。そこで、先に紹介した最判平成10・4・28は、被告が現実に訴訟手続の開始を

了知することができること、被告の防御権の行使に支障のないものであること、判決国とわが国との間に司法共助に関する条約が締結されている場合にはその条約の定めた方法を遵守していること、といった要件をみたせば、日本法が認めていないような送達でもかまわないものと判断しました。

以上は送達についての問題です。このような送達を受けなかった場合でも、被告が現実に外国裁判所において自らの主張を展開したのであれば、被告は訴訟の開始を了知し、それに対して対応できたものと考えられます。したがってそのような「**応訴**」があった場合には、送達が適法になされたか否かとは無関係に、民訴法118条2号の要件はみたされたものとされるのです。

●**公序（3号）** 民訴法118条3号は、「判決の内容及び訴訟手続が日本における公の秩序又は善良の風俗に反しないこと」を外国判決の承認要件としています。判決の内容についての公序を **実体的公序**、訴訟手続についての公序を **手続的公序** といいます。同号は、外国判決の内容が日本の実体的公序に反するか、その訴訟手続が日本の手続的公序に反する場合には、そのような外国判決の日本における効力を認めないものとしているのです。

民訴法118条3号は、準拠法の適用についての国際私法上の公序を規定する通則法42条と同じ性質をもつものです（国際私法上の公序については、150頁以下をご覧ください）。通則法42条においては、準拠外国法を適用した結果、日本法上は許容されないような結論が導かれることがあるのは当然としつつ、「いくらなんで

もとんでもない」というような極端な場合には、例外的に緊急脱出装置としての国際私法上の公序が発動するものとされていました。同様に、外国判決について民訴法118条3号は、外国判決の内容や訴訟手続について、それが日本の裁判所が行う判決や、日本の裁判所における訴訟手続とは異なるものとなることは当然としつつ、その判決の内容や訴訟手続が「いくらなんでもとんでもない」というような極端な場合には、そのような外国判決の承認は拒絶すべきであるとしているのです。

このうち、外国判決の内容についての実体的公序違反を問題とする点は、通則法42条からも理解しやすいところでしょう。民訴法118条3号について注目されるのは、その訴訟手続について手続的公序違反がある場合にも、そのような手続を経てなされた外国判決は日本では承認されないと規定している点です。訴訟手続のあり方については、各国でいろいろと違いがあるのは当然です。しかし、外国判決の基礎となった訴訟手続が、裁判の公正や当事者に対する手続保障といった、訴訟手続として最低限備えるべきものを備えていないような場合には、それにより下された外国判決を日本で承認すべきではないというわけです。ここでもやはり、既判力の根拠である敗訴当事者への手続保障が問題とされています。具体的には、裁判官が買収されていた場合や、当事者として主張を述べる機会がなかった者に判決の効力を及ぼすような場合などがこれにあたると考えられます。

● **相互の保証（4号）** 民訴法118条4号は、「相互の保証があること」を外国判決の承認要件としていま

す。

　相互の保証とは、相互主義の観点から政策的に設けられた要件です。相互主義というのは、「そちらがしてくれるのならこちらもしてあげるけど、そちらがしてくれないならこちらもしてあげないよ」という考え方です。同号の趣旨は、外国に対してそのような態度を示すことで、外国も日本の判決を承認してくれるように促そうというものと理解されます。

　しかし、この要件をあまり厳密に解すると、外国判決を承認できる場合が限定されてしまい、当事者の利益保護という観点から妥当ではありません。そこで、最判昭和58・6・7（民集37巻5号611頁）は、外国判決を行った国において「我が国の裁判所がしたこれと同種類の判決が……重要な点で異ならない条件のもとに効力を有するもの」とされていれば足りるとしました。この要件をゆるやかに解することで、外国判決承認制度の趣旨が損なわれないようにしたのです。

5　外国判決承認の効果

　外国判決が承認要件をみたした場合の効果については議論がありますが、一般的には、外国判決承認の効果は、その**外国判決が、判決国において有していた効力を日本で認めること**であると解されています。したがって、たとえば既判力（に相当する効力）が、いかなる者の間にどのような範囲で認められるかについても、原則として判決国法によって決せられることになります。もっとも、先に「手続的公序」について、当事者として主張を述べる機会が

なかった者に判決の効力を及ぼすような場合は手続的公序違反として承認されないと説明したように、その判決が判決国において有していた効力の一部が、日本では認められないという場合も考えられます。

外国判決が承認された場合でも、その後の事情の変更によって、外国判決を変更すべき場合も考えられます。外国判決後の事情に基づく外国判決の変更は、外国判決の承認と矛盾するものではありません。たとえば、夫Aと妻Bとの離婚の際に、AB間の子Cの親権者をBと定める外国判決が日本で承認された場合でも、その後の事情の変化により、子Cの親権者をBからAに変更する判断を日本の裁判所が行うことは可能なのです。

外国判決が承認されない場合には、そのような外国判決は存在しないものと扱われ、日本で改めてその点について審理判断することになります。その際には、たとえばA国法を準拠法とするXY間の契約について、（不承認となった）A国裁判所の判決が下されていても、それを無視して改めてA国の民法や商法といった実質法を適用します。「A国法が準拠法であり、A国では判決で結論が出ているのだから、A国判決のとおりに日本でも判断すべきである」とは考えません。A国判決が民訴法118条の承認要件をみたさない場合には、その判決は存在しないものと扱われるからです。

6 外国での訴訟提起への対処と国際訴訟競合

この章の最後に、外国で訴えが提起された場合の対処について

考えてみましょう。日本にあるX会社に対して、A国でY会社が、5000万円に相当する金額の支払いを求める訴えを提起したと仮定します。

　Xとしてはまず、A国での裁判に真剣に対応することが必要か否かを考えることになります。XがA国に多くの資産をもっているような場合には、A国で敗訴すると、そのA国判決に基づいて、A国にあるXの資産に強制執行が行われてしまう可能性があります。そのような場合には、XとしてはA国で敗訴することは避けたいところですので、費用や時間がある程度かかっても、A国でのYの訴えに対して真剣に対応することが必要となることでしょう。

　他方、XがA国に財産をもっておらず、A国でビジネスを行う予定がないというような場合には、「A国で敗訴してもかまわない。その判決が日本で承認されなければよい」ということもあるでしょう。そのような場合には、A国での訴訟に対応するのに必要な費用などや、A国判決が日本で承認される可能性などを考慮したうえで、A国での訴訟はあえて放置するとの判断も選択肢になると考えられます。

　この場合、A国判決が日本で承認されるかどうかは、A国判決が下されたあとでなければわかりません。ただ、それ以前の時点でもXにはできることがあります。それは、A国訴訟の原告であるY会社に対して、反対の内容の訴えを日本の裁判所に起こすことです。具体的には、Yの請求が認められないこと、すなわち「XはYに対して、5000万円相当額の支払いをする義務は負って

いないこと」の確認を日本の裁判所に求めることが考えられます。

　このように、ある同一の民事紛争について、複数国の裁判所において同時に訴訟が提起され、審理が進められているような状態を、「**国際訴訟競合**」といいます。

　第Ⅷ章で説明したように、国際裁判管轄については、特定の（たとえば日本法の）基準のもとにおいても、1つの訴訟事件について複数の国に認められるのが通例です（180頁以下参照）。また、国際裁判管轄ルールは主に各国の国内法によって定められるものですから、日本とA国とでは判断基準が異なります。したがって、同一の民事紛争が、A国の裁判所にも日本の裁判所にも持ち込まれ、どちらの裁判所も自国に国際裁判管轄があると判断すること、つまり国際訴訟競合は生じうるということになります。

　国際訴訟競合の場合にまず問題となるのは、同一の民事事件について外国裁判所で訴えが提起されているような場合には日本での審理判断を控えるべきではないか、という点です。この点についてはさまざまな見解がありますが、外国裁判所における訴えについては、民訴法3条の9の「日本の裁判所が審理及び裁判をすることが当事者間の衡平を害し、又は適正かつ迅速な審理の実現を妨げることとなる特別の事情がある」か否かを判断する際の一要素として考慮する立場が有力です。逆にいえば、このような検討の結果、同一の事件について外国で訴えが提起されている場合でも、日本の裁判所で審理判断すべきものとされることもあるということになります。

　このように、国際訴訟競合が放置されたまま手続が進みますと、

日本と外国との双方で訴訟手続が進行し、どちらの裁判所でも判決が下され確定することになります。そうした場合、特に外国判決と日本の判決との内容が矛盾する場合に次に問題となるのは、そのような外国判決を日本で承認するか否かという問題です。この点が問題となった大阪地判昭和52・12・22（判タ361号127頁）は、「訴の提起、判決の言渡、確定の前後に関係なく、既に日本裁判所の確定判決がある場合に、それと同一当事者間で、同一事実について矛盾抵触する外国判決を承認すること」は当時の民訴法200条（現在の118条）3号の公序に反すると判断しました。この事件では、外国判決が先に確定し、日本の判決が確定してから外国判決についての執行判決が求められたのですが、日本の判決が優先するものとして、承認執行が拒絶されたのです。特にこの判決以降、外国での訴え提起に対抗して、日本の裁判所に反対の内容の訴えを起こすことは、有効な戦術として認識されているところです。

　もっとも、常に日本の判決を優先するこのような考え方には批判もあるところです。また、仮にそのような考え方をとるとしても、外国判決が先に確定し、日本の判決が確定する前にその承認執行が求められたような場合には、優先すべき日本の判決は存在しないわけですから、外国判決を承認執行すべきだとの考え方も成り立つでしょう。このように、国際訴訟競合やそれに関連する問題については、まだまだ検討すべき問題が残っているところです。

------- この章のポイント -------

☑ 確定判決の主な効力には、既判力、執行力、形成力があります。

☑ 外国判決の効力が直接日本に及ぶことはありませんが、日本は一定の要件をみたす外国判決の効力を認めることにしました。

☑ 民訴法118条の要件をみたす外国判決は、実質的再審査をすることなく、また何らの手続を経ることもなく、日本での効力を有するものとされます。ただし、それに基づいて強制執行を行うには執行判決が必要です。

☑ 民訴法118条は、外国裁判所の確定判決について、間接管轄、被告への送達または被告の応訴、公序、相互の保証といった承認要件を規定しています。

☑ 承認要件をみたす外国判決には、それが判決国で有していた効力が日本でもそのまま認められるのが原則です。

☑ 承認要件をみたさない外国判決は存在しないものと扱われ、必要な場合には日本でその点について改めて審理判断がなされます。

☑ 外国での訴訟提起に対しては、日本での訴訟提起で反対の内容の訴えを起こすことも選択肢として考えられます。

■コラム：公法と国際私法との関係——第2部の終わりに

　第1部と第2部とで、準拠法の選択と適用、国際裁判管轄、外国判決の承認執行という、国際私法で扱われる主な話題をひととおり扱いました。国際私法において、理論的にも実際的にも重要で、理解がむずかしい問題には、これですべてふれたといってもよいでしょう。

　さて、これらの国際私法的手法は、国際民事紛争の解決について用いられるものです。そこで重視されていたのは、どうすれば私人間の民事紛争の妥当な解決がはかれるか、どうすれば私人の権利保護がはかれるか、といった観点です。

　ところが、法的紛争に「公益」が関係してくると、私人間の紛争の妥当な解決といった観点のみから問題をとらえていくことはできなくなります。そして実際、公益が深く関わる、刑法や租税法といった公法上の問題については、準拠法選択の手法により外国法を適用することも、外国判決承認の手法により外国判決の効力を日本で認めることもすべきではないとされるのです。

　たとえば、日本で刑罰を科すときに外国法を適用することは考えられません。また、外国裁判所が私人に対して租税債務の支払いを命じた判決を、日本で承認することは考えられません。日本の裁判所が外国法を適用し、外国判決を承認するのは、私人間の民事紛争の妥当な解決や私人の権利保護といった目的のためであり、外国の国家利益の実現を図るためではないからです。

　以上はわかりやすい例だと思いますが、国際私法的手法が妥当しない公法上の問題であるか否かの境界線では、判断に迷うような場合も存在します。この線引きはなかなかむずかしい問題で、見解も分かれているところではありますが、ここではみなさんが考えるヒ

ントとして、3つの事件を紹介したいと思います。

　第1に、知的財産権をめぐる問題です。知的財産権は私人の権利ではありますが、国家がその産業政策の観点から特に認めた公法上の権利であるとの評価も可能でしょう。特に特許権など、国家に登録することで認められる権利については、実際にそのような見解がみられるところです。そのような見解によれば、特許権の成立等については準拠法選択により外国法を適用する余地はないことになります。

　たとえば、東京高判平成12・1・27（判時1711号131頁）は、米国特許権に基づく差止めおよび廃棄請求について、「特許権については、国際的に広く承認されているいわゆる属地主義の原則が適用され、外国の特許権を内国で侵害するとされる行為がある場合でも、特段の法律又は条約に基づく規定がない限り、外国特許権に基づく差止め及び廃棄を内国裁判所に求めることはできないものというべきであり、外国特許権に基づく差止め及び廃棄の請求権については、法例で規定する準拠法決定の問題は生じる余地がない」としました。この判決は、特許権の問題について準拠法選択の手法をとらず、外国特許権に基づく請求をただちにしりぞけたのです。これに対して、上告審である最判平成14・9・26（民集56巻7号1551頁）は、「本件差止請求及び本件廃棄請求は、私人の財産権に基づく請求であり、……米国特許法により付与された権利に基づく請求であるという点において、渉外的要素を含むものであるから、準拠法を決定する必要がある」とし、原則通り準拠法選択の手法によっています。

　第2に、国家賠償をめぐる問題があります。これに関して近年話題となったのは、旧日本軍が中国国内において行った行為によって損害を被ったと主張する者やその相続人からの、日本国に対する損害賠償請求の訴えです。ここでは、東京高判平成19・7・18（判時

1994号36頁)をとりあげることにしましょう。この事件で原告は、損害賠償請求権の根拠の1つとして、国際私法によって準拠法と指定される中国法をあげました。当時の国際私法によれば、不法行為の準拠法は「原因タル事実ノ発生シタル地」の法によるのですから(法例11条1項)、準拠法選択の手法を採用する限り、中国法を適用する旨の主張にも理由があることになります。

　しかし裁判所は、原告の主張をしりぞけました。判決理由の中で東京高裁は、「公法の抵触問題の解決は、私法のそれと性質を異にすることから、刑法や行政法規等の公法の抵触問題は、国際私法の適用範囲外の問題」であることを前提に、「一般に、国家賠償請求権の存否に関する法律関係は、……公権力の行使の適否が判断の対象となるという意味で、公法的な色彩を持つ」「公権力の行使について、当該国家の法律とは異なる適法要件を定める他国の法律によって、その違法性の有無が判断されるようなことは、当該国家の公益に反する」などと指摘しました。そして、「国家賠償請求権の存否に関する法律関係は、……国家の公益と上記のような密接な関係を有しているのであって、かかる法律関係が準拠法の選択を国際私法の規律にゆだねるべき法律関係に当たると解することは困難といわざるを得ない」と述べて、中国法を根拠として損害賠償を求める原告の主張は認められないとしたのです。

　第3に、外国判決が承認対象となる民事判決といえるか否かが問題となる場合があります。先ほど説明したように、外国の刑事判決(罰金判決)などは民訴法118条の外国判決承認の対象とはされません。すでに説明したように、民訴法118条により承認の対象となる判決は、「私法上の法律関係について」(最判平成10・4・28)のものに限られるのです(233頁)。しかし、外国判決で問題となったものが私法上の法律関係であるのか否かが問題となる場合もあります。

東京高判平成5・6・28（判時1471号89頁）においては、カリフォルニア州の懲罰的損害賠償の支払いを命じた判決が日本で承認されるか否かが問題となりました。カリフォルニア州の懲罰的損害賠償の制度は、悪性の強い行為をした加害者に対し、実際に生じた損害の賠償のほかに、プラスアルファの賠償金の支払義務を負わせるものです。この制度は、被害者から加害者に対する賠償請求権を認めるという点では私法上のものであるともいえますが、その目的は、加害者に制裁を加え、将来における同様の行為を抑止しようという点にあるのですから、むしろ日本の罰金等の刑罰に近い性格を有するものなのです。東京高裁は、このような理由から、懲罰的損害賠償の支払いを命じた判決が外国判決承認制度の対象となる「外国裁判所の判決といえるかどうか自体が疑問」としました。これに対して上告審の最判平成9・7・11（民集51巻6号2573頁）は、このような判決が外国判決承認制度の対象となるかという点には特にふれず、「実際に生じた損害の賠償に加えて、制裁及び一般予防を目的とする賠償金の支払を受け得るとすることは、右に見た我が国における不法行為に基づく損害賠償制度の基本原則ないし基本理念と相いれない」として、現在の民訴法118条3号の公序に基づいて承認を拒絶しています。

　このように、公法との関係で、どのような範囲で国際私法的手法をとりうるかについては、さまざまな分野で議論がなされているところです。

第 3 部

世界は国際私法に満ちている
~アンさんの物語の巻~

　第1部「適用されるルールを決める」では、国際民事紛争を解決する際に適用される準拠法を決定し、それを具体的に適用する過程について、ひととおり学びました。そして第2部「紛争解決の場所を決める」では、国際裁判管轄と外国判決の承認といった点を中心に、国際民事紛争の解決手続の入口と出口の問題を検討しました。以上で、国際私法の基本的な枠組みを理解し、国際民事紛争を解決するための道具は、ひととおり手に入れることができたのではないでしょうか。

　第3部では、これまでに手に入れた道具を使って、実際に国境をまたいで生活をしている1人の女性の物語を追ってみることにしましょう。物語の場面を追いながら、「この点がもし法的紛争になったらどうなるか」といった観点から、ひとつひとつの国際民事紛争がどのように解決されるのかを具体的にみていきたいと思います。その際、第1部や第2部に関連する記述がある場合には、それに言及することにしました。しかし読者の方は、まずはそれを気にせずに、物語を読み進めていただければ幸いです。

　第3部を読むと、国際私法が問題となるような話題が世の中にたくさんあることに気づくのではないでしょうか。

　世界は国際私法に満ちているのです。

第XI章　出会いそして別れ
──アンさんの物語その1──

　このお話は、アジサイ国から来日した父母のもとに生まれた女性、アンドロメダさん(アンさん)の物語です。

　アンさんは日本で生まれ、日本で育ちました。両親、そして妹がいる4人家族です。4人ともアジサイ国の国籍をもっています。

　アンさんは日本の高校を卒業したあと、アジサイ国の大学に進学しました。アンさんはそこでイチョウ国からの留学生の、イオ君と出会い、恋に落ちます。

　2人はアジサイ国で結婚し、アジサイ国での生活を始めました。そして、2人の間には子ども、アケルナルちゃんが生まれました。

　しかしその後、イオ君は他の女性と親しくなってしまいます。

　アンさんは失意の日々を過ごしていましたが、ある日、イオ君とは離婚し、アケルナルちゃんを連れて、生まれ育った日本に戻って新しい人生を歩み始めようと決意します。

1　婚姻の成立

物語の主人公はアンドロメダさん、通称アンさんです。アンさ

んはアジサイ国籍を有していますが、日本生まれの日本育ちです。家族は両親と妹で、みなアジサイ国籍をもっています。

アンさんはアジサイ国の大学に進学し、そこでイチョウ国籍をもつイオ君と出会い、結婚しました。まずはアンさんとイオ君との結婚の場面に注目してみましょう。

● **性質決定**　物語では、アンさんとイオ君とが結婚したことになっています。結婚のことを、法律用語では「婚姻」といいますが、この婚姻は有効なものといえるでしょうか。

「ある婚姻が有効なものといえるか？」というのは、1つの法的な問題、解決が迫られている民事紛争です。したがって、その解決のためには、まずは準拠法を決定しなければなりません。

準拠法決定のプロセスについては第1部で検討しました。準拠法決定の際にまずすべきことが何だったか覚えていますか？　そう、性質決定です。性質決定とは、当該法的問題がいかなる単位法律関係に含まれるのかを判断すること、つまりいかなる準拠法選択規則により準拠法を決定するのかを判断することでしたね。

ここでは、「婚姻の有効性」という問題が、通則法の規定するいかなる単位法律関係に含まれるかを判断することになります。

婚姻について通則法が規定している単位法律関係については、第Ⅲ章で簡単にふれました（39頁以下）。また、婚姻の効力についての段階的連結や、婚姻の成立についての配分的連結については、第Ⅳ章でとりあげています（69頁以下、82頁以下）。さらに、婚姻の方式や離婚についての日本人条項については、第Ⅴ章で検討しました（110頁以下）。ここでは改めて、婚姻について通則法

が規定している単位法律関係と連結点を一覧してみましょう。関連する規定は、24条から27条です。

24条1項	婚姻の実質的成立要件	当事者の本国法の配分的連結
24条2項3項	婚姻の方式	当事者の本国法と挙行地法との選択的連結 ただし、日本人条項あり
25条	婚姻の効力	当事者の同一本国法等の段階的連結
26条	夫婦財産制	25条を準用 ただし、一定の範囲で準拠法指定可
27条	離婚	25条を準用 ただし、日本人条項あり

さて、婚姻の有効性という問題は、これらの単位法律関係のいずれに含まれると考えられるでしょうか。一見すると、それは「婚姻の効力」（25条）という単位法律関係の問題であると思ってしまうかもしれません。しかし、婚姻の有効性というのは、婚姻が有効に成立したか否かの問題ですから、「婚姻の成立」（24条）という単位法律関係の問題ということになります。成立と効力との関係については、第Ⅲ章で説明しましたので、そちらをご覧ください（40頁）。

婚姻の有効性については、婚姻の成立についての通則法24条によることはわかりました。しかし、それだけでは性質決定についての結論が出たとはいえません。24条1項の規定する「婚姻の実質的成立要件」と、2項・3項の規定する「婚姻の方式」とのいずれの問題なのかまで判断する必要があります。

これらのうちのいずれの単位法律関係に含まれる問題なのかは、婚姻の成立要件について具体的にどのような点が争われているかによって定まることになります。したがってたとえば、「イオ君はまだ18歳だから婚姻できない（婚姻適齢に達していない）」という点が争われているのであれば、それは婚姻の実質的成立要件の問題ということになります。これに対し、「イオ君とアンさんは婚姻の成立に必要な儀式（あるいは届出）をしていない」という点が争われているのであれば、それは婚姻の方式の問題ということになります。

　このように、性質決定をする際には、具体的にどのような点が法的に問題となっているかを特定する必要があることになります。

●準拠法の決定　　通則法24条によれば、その実質的成立要件については、同条1項により、各当事者につきその本国法によることになります。したがって、アンさんについての要件はアジサイ国法により、イオ君についての要件はイチョウ国法によることになります。また、婚姻の方式については、同条2項・3項により、アンさんの本国法であるアジサイ国法、イオ君の本国法であるイチョウ国法、婚姻挙行地であるアジサイ国法のいずれかの方式をみたせばよいことになりますから、結局、アジサイ国法またはイチョウ国法のいずれかの方式をみたしていればよいことになります。

　当事者の本国法による場合については、関連する規定がいくつか存在します。たとえば、当事者が重国籍者や無国籍者である場合については、通則法38条1項・2項が適用されます（これにつ

いては、96頁以下で説明しました)。しかし、アンさんとイオ君については、これは関係なさそうです。

　当事者の本国法による場合、その本国が不統一法国である場合には、通則法38条3項または40条1項によって、いずれの法が適用されるかを定めることになります（これについては、120頁以下をご覧ください）。したがって、たとえばイオ君が地域的不統一法国であるアメリカ合衆国の国籍を有している場合には、38条3項によって、イオ君がもっとも密接な関係を有する州の法をイオ君の本国法として適用すべきことになります（アメリカ合衆国については、同項の「規則」がないと考えられていることについては、122頁で説明したとおりです）。

　本国法による場合、その国の国際私法により日本法が指定されている場合には、通則法41条の規定する「反致」によって日本法が準拠法とされます。反致については第Ⅵ章で説明しましたね（41条については、134頁以下をご覧ください）。

　当事者の本国法による場合には、こういった点は常に問題となります。具体的な問題を考える際に、見落とすことがないようにしましょう。

●**準拠法の適用**　以上のように定められた準拠法によって、婚姻の実質的成立要件および婚姻の方式について判断されます。そして、婚姻の実質的成立要件については、アンさんについてアジサイ国法、イオ君についてイチョウ国法の要件をみたしていれば、婚姻の実質的成立要件をみたしていることになります。また婚姻の方式については、アジサイ国法またはイ

チョウ国法のいずれかの方式をみたしていれば婚姻の方式の要件をみたしていることになります。

　婚姻は、実質的成立要件と方式との双方をみたして、はじめて完全に有効に成立します。このことは、日本の国内法で考えれば明らかでしょう。日本人の男女が日本で婚姻する場合には、婚姻適齢（男18歳以上、女16歳以上）といった実質的成立要件をみたし、かつ方式である婚姻の届出をして、はじめて完全に有効な婚姻として成立することはご存じですよね。準拠法として外国法が適用される場合でも、それは同じです。

　要件をみたさない婚姻は「無効」とされたり「取り消すことができる」とされたりします。たとえば、日本の国内法ですと、「人違いその他の事由によって当事者間に婚姻をする意思がないとき」と「当事者が婚姻の届出をしないとき」には無効とされます（民法742条）。その他の要件をみたさない場合には取り消しうる婚姻となり、家庭裁判所に取消しを請求しうることになります。

　それでは、「婚姻の成立要件をみたさない婚姻をどのように扱うか」という問題（たとえば、無効な婚姻とされるのか、取り消しうる婚姻とされるかなど）については、いかなる法によって判断することになるでしょうか。準拠法を決定する必要がある場合には、まずは性質決定を行います。そして、婚姻の成立要件をみたさない婚姻の扱いも、婚姻の成立の問題であり、やはり通則法24条によって判断されるべきであるとされるのです。具体的には、婚姻の実質的成立要件をみたさない場合については、同条1項の定める準拠法により判断します。婚姻の方式をみたさない場合に

ついては、2項・3項の定める準拠法により判断します。

　ここで1つ問題が生じます。婚姻の実質的成立要件についても、婚姻の方式についても、複数の準拠法が適用されますが、それら複数の準拠法の間で、この点についての判断が異なっていたらどうするか、という問題です。

　たとえば、アンさんとイオ君とが、いとこ同士だとしましょう。そして、アンさんの本国法であるアジサイ国法も、イオ君の本国法であるイチョウ国法も、いとこ同士の婚姻は認めていないとします。そして、アジサイ国法は「いとこ同士の婚姻は無効」と扱い、イチョウ国法は「いとこ同士の婚姻は取り消しうる」と扱っていた場合にはどうなるのか、というのがここでの問題です。

　このことを考える前提として、まず、アジサイ国法の内容をそのままにして、イチョウ国法が「いとこ同士でも婚姻できる」としていた場合を考えてみましょう。この場合には、いとこ同士であるアンさんとイオ君との婚姻は、イチョウ国法では問題なく有効とされます。しかし、アンさんの本国法であるアジサイ国法では、いとこであるイオ君との婚姻は許されず、そのような婚姻は無効と扱われてしまうのです。そうであるとすれば、アンさんについてアンさんの本国法であるアジサイ国法上は無効とされるような、このような婚姻は無効と扱わざるをえません。

【配分的連結の場合その1】
　　一方当事者の本国法上婚姻は有効 ─┐
　　他方当事者の本国法上婚姻は無効 ─┴→婚姻は無効

それではこれを前提に、改めて、イチョウ国法は「いとこ同士の婚姻は取り消しうる」と扱っていた場合について考えてみましょう。すると、イチョウ国法がこの婚姻についてより厳しい態度（有効ではなく取り消しうるもの）をとったからといって、無効な婚姻を取り消しうる婚姻と考えるのはバランスを失するということに気づくと思います。すると、この場合も、やはり婚姻は無効と扱うべきことになります。

【配分的連結の場合その2】
一方当事者の本国法上婚姻は取り消しうるもの ──┐
他方当事者の本国法上婚姻は無効　　　　　　　 ├→婚姻は無効

　婚姻の実質的成立要件に関し、配分的連結がされた2つの準拠法の判断が異なる場合については、成立についてより厳しい効果を定める法による、といわれることがあります。それは、このような帰結を整理し、より抽象的に述べたものです。

　以上は婚姻の実質的成立要件についてのものです。これに対し、婚姻の方式については、選択的連結が採用されていますから、複数の準拠法のうち、いずれかの方式をみたせばよいことになります。したがって、いずれの準拠法の方式もみたしていない場合であっても、もっとも成立に近い効果を定める法によることになります。

　準拠法の適用段階においては、通則法42条の国際私法上の公序により、準拠法の適用結果が修正されることもあります（国際私

法上の公序については、150頁以下で説明しました)。国際私法上の公序は、婚姻の成立についても問題となります。

実際の裁判例では、異教徒間の婚姻を禁止し、そのような婚姻を無効とするエジプト法を適用して婚姻を無効とすることを国際私法上の公序違反とした事例(東京地判平成3・3・29家月45巻3号67頁)、後婚の成立から約6か月後に重婚状態が解消されていることなどを理由に、重婚を無効とするフィリピン法の適用を国際私法上の公序違反とした事例(熊本家判平成22・7・6平成21年(家ホ)第76号)があります。

外国法の適用結果が国際私法上の公序違反となるか否かは常に問題となりえます。この点については、準拠外国法の内容そのものによるのではなく、その適用結果の不当性と内国牽連性との相関関係によること、思い出してください。

●国際私法＝国内法　さて、ここで念のため、国際私法が各国でその内容が異なる国内法であることを確認しておきたいと思います。

つまり、アンさんとイオ君との婚姻の有効性について、以上で説明したことは、あくまでも日本の国際私法に基づく解決ということになります。アンさんとイオ君との婚姻の有効性がアジサイ国で問題となった場合には、その点はアジサイ国の国際私法の定める準拠法を適用して判断されます。同様に、アンさんとイオ君との婚姻の有効性がイチョウ国で問題とされれば、その点はイチョウ国の国際私法によって定められる準拠法によって判断されることになるのです。

この本では、「日本の国際私法ではどのように準拠法が定められるか」に焦点をあてて検討します。しかし、実際にアンさんのように国境をまたいで生活をしている個人の立場からしますと、日本の国際私法だけを考えていればよいわけではありません。関連する他国の国際私法の内容や解釈にも常に注意を払う必要があります。ですからたとえば、アンさんとイオ君とが婚姻をする場合には、婚姻の成立についての日本の国際私法だけではなく、アジサイ国やイチョウ国の国際私法にも目を配ることが望ましいことになります。

2 離　　婚

さて次に、アンさんがイオ君と離婚し、アケルナルちゃんと2人で暮らしていこうと考えている場面に目を転じましょう。この場合、まずはアンさんとイオ君との離婚が問題となります。先ほど確認したように（252頁）、離婚については通則法27条によって準拠法が定められます。

ここでは、アンさんが、アジサイ国で離婚をしてから日本に帰国しようと考えた場合と、日本に帰国してから離婚しようと考えた場合とに分けて検討することにしましょう。

●**アジサイ国で離婚する場合**　まずは、アンさんがアジサイ国で離婚してから日本に帰国しようと考えた場合をとりあげることにします。

一般に、離婚についてどのような方法が認められているかという点も、各国法によって異なります。この点も離婚準拠法によっ

て判断すべき問題ということになります。ちなみに、日本では、両当事者の合意による「協議離婚」や、一方から他方に対する訴訟による「裁判離婚」などが認められています。しかし、両当事者が離婚について合意した場合であっても公的機関が両当事者の意思を確認してはじめて離婚を認める国もありますし、そもそも裁判離婚のみを認めている国もあります。また、男性から女性に対する意思表示による離婚を認めている国もあります（日本でも、かつては「三行半（みくだりはん）」というものがありましたね）。

通則法27条によれば、夫婦の本国法が同一であればその法が離婚準拠法とされますが、アンさんとイオ君とは本国法が異なります。そこで、段階的連結の次順位の法である同一常居所地法として、夫婦が生活してきたアジサイ国法が離婚準拠法となると考えられます（アンさんもイオ君も外国人ですので、27条ただし書のいわゆる日本人条項は適用されません）。

離婚準拠法であるアジサイ国法の規定する方法で離婚をすれば、その離婚は日本でも、日本の国際私法の定めた準拠法上の要件を充足するものとして、有効なものと扱われます。したがってたとえば、アジサイ国法上協議離婚が認められていて、アンさんとイオ君とがアジサイ国で協議離婚を行えば、日本においても、アンさんとイオ君とは離婚したものと扱われます。

これに対し、アンさんがイオ君を被告として、アジサイ国の裁判所に離婚の訴えを提起し、それが認められて離婚判決が下された場合には、日本においてアンさんとイオ君とが離婚したものと扱われるか否かについては異なる枠組みで判断されます。第Ⅹ章

でとりあげた「外国判決の承認」という枠組みです。つまり、アジサイ国の離婚判決が民訴法118条の規定する要件をみたすか否かを検討し、それらの要件をみたしていれば、アジサイ国の離婚判決の効力が日本でも認められ、アンさんとイオ君とは離婚したものと扱われるのです。外国判決の承認という枠組みで検討する場合には、日本で改めて準拠法を決定し、その準拠法を適用して離婚が有効か否かを判断するということはありません。「実質的再審査の禁止」でしたね（これについては、228頁以下で説明しました）。

●**日本への帰国後に離婚する場合**　次に、アンさんが、アケルナルちゃんを連れて日本に帰国してからイオ君と離婚しようと考えた場合について検討しましょう。

まず、アンさんとイオ君とが離婚することを合意している場合には、日本で協議離婚をすることはできるでしょうか。この点は先に述べたように離婚の準拠法によることになります。アンさんの常居所地は、日本に帰国した直後は依然としてアジサイ国にあると判断されるでしょう。すると、離婚の準拠法は同様にアジサイ国法となります。また、アンさんが日本で生活している時間が積み重なり、日本での生活基盤が固まっていくと、アンさんの常居所地は日本にあると考えられるようになるでしょう。その場合には、アンさんとイオ君との常居所地国が異なることになり、通則法27条が準用する25条の定める段階的連結の次順位の法である「夫婦に最も密接な関係がある地の法」によることになります。もっとも、夫婦の最密接関係地法は、アンさんとイオ君とが婚姻

第XI章　出会いそして別れ　261

生活を営んだアジサイ国の法と考えられる可能性が高いと思われます。

このように考えると、アンさんが日本に帰国後にイオ君と離婚しようと考えた場合でも、離婚の準拠法はアジサイ国法とされる可能性が高いでしょう。すると、アンさんとイオ君とが日本で協議離婚できるかどうかは、アジサイ国法が協議離婚を認めているか否か次第である、ということになると思われます。

したがって、アジサイ国が協議離婚を認めていれば、日本で協議離婚は可能ということになります。なお、この場合、「『日本で』離婚届を提出することができるのか、アジサイ国法によればアジサイ国で離婚届を提出する必要があるのではないか？」という疑問が生じるかもしれません（もし、このような疑問を思いついたら、とても素晴らしいことだと思います）。しかし、「協議離婚の際にいずれの国の機関に離婚届を提出すべきか」という点は、「夫婦が『離婚する』という意思を外部的にどのように表現するか」という問題ですので、離婚の方式の問題となり、通則法34条の「第25条から前条までに規定する親族関係についての法律行為の方式」にあたるものと性質決定されます。したがって、同条2項により、「行為地法」によってもよいということになり、日本で協議離婚をする場合には行為地法である日本法に従って日本で離婚届を提出すればよいことになるのです。

アジサイ国法が協議離婚を認めていない場合には、アンさんがイオ君を被告として、日本の裁判所に離婚を求める訴えを提起することが考えられます。この場合には、このような訴えについて

日本の裁判所が審理判断してよいか、という点、つまり、日本の裁判所の国際裁判管轄の有無が問題となります。この物語の場合、被告となるイオ君はアジサイ国で生活をしているのですから、「被告の住所が日本にある」ことを理由に日本に国際裁判管轄を認めることはできません。離婚事件の国際裁判管轄については平成27（2015）年現在立法作業が進められており、新法の規定内容は固まっていませんが、アンさんが日本人ではないこともあり、アンさんが日本に帰国後に裁判所に訴えを提起しても、国際裁判管轄が否定され、訴えが却下される可能性が高いと予想されます。また、仮に日本の裁判所が国際裁判管轄を肯定し、離婚判決を下したとしても、日本の裁判所の離婚判決の効力が、アジサイ国やイチョウ国でも認められるかどうかはわかりません。仮に日本の離婚判決がアジサイ国では承認されないとすると、アンさんとイオ君とは日本では離婚したことになりますが、アジサイ国では依然として夫婦ということになり、2人の関係が不安定なものとなってしまうでしょう（このような跛行的法律関係については、226頁をご覧ください）。

　このようにさまざまな場合を考えてみると、アジサイ国法の内容にもよりますが、アンさんとしては、イオ君とアジサイ国で離婚してから日本に帰国することを第一に考えるべきでしょう。

3 子の親権・監護権

　アンさんとイオ君とが離婚しても、アケルナルちゃんが2人の子どもであることに変わりはありません。しかし、夫婦が離婚す

ると、日本法では、夫婦の一方のみが子どもを監護教育し、またその財産を管理する「親権者」とされます。親権の内容には、子どもを監護教育するという部分と、その財産を管理するという部分とがあり、親権をもたない者が監護するということも考えられることから、親権・監護権と並列的に書かれることもあります。

　比較法的には、日本のように夫婦のいずれか一方を親権者とする法のほか、離婚後も父母が共同して親権を行使するものとする法や、常に父（または母）を親権者とする法などがあります。

　離婚の際の親権者・監護権者の決定の問題は、通則法32条の「親子間の法律関係」と性質決定するのが一般的です。この点については、第Ⅲ章でやや詳しく説明しました（55頁以下参照）。

　通則法32条は段階的連結を採用しており、まず、子の本国法と父母のいずれかの本国法とが同一であればその法によるとしています。この物語では、アケルナルちゃんの国籍については書いてありませんが、ここでは、母アンさんのアジサイ国と、父イオ君のイチョウ国とのいずれの国籍も有しているものとしましょう。すると、アケルナルちゃんは重国籍者ということになり、通則法38条1項によって、「その国籍を有する国のうちに当事者が常居所を有する国があるときはその国の法」が本国法となります。アケルナルちゃんは出生後ずっとアジサイ国で生活していますから、アケルナルちゃんの常居所地はアジサイ国にあると考えられます。したがって、アケルナルちゃんの本国法はアジサイ国法ということになりそうです。すると、アケルナルちゃんの本国法と、母アンさんの本国法とはいずれもアジサイ国法ということになります

から、通則法32条によって、アケルナルちゃんの親権者・監護権者はアジサイ国法によって判断されることになります。

4 子の奪取

　離婚の際には、夫婦間で子どもを奪い合うことがあります。

　たとえば、アンさんが、イオ君と離婚する前に、アケルナルちゃんを連れて日本に帰国したとしますと、イオ君の立場からすれば、「ある日突然、自分の子どもが遠い国に連れ去られてしまった」ということになります。これに対してイオ君が子どもを取り戻す方法としては、まず①日本での裁判において自分が監護権者であることを認めてもらい、子どもを取り戻す、ということが考えられます。そのほかに、②アジサイ国での裁判において自分が監護権者であることを認めてもらい、その判決を日本で承認してもらって子どもを取り戻すというやり方もありうるでしょう。しかし、離婚にともなって、夫婦間の子について夫婦のいずれを監護権者とするかを判断するのには、①②いずれの方法をとったとしても、かなりの時間を要します。そして、②の方法によった場合には、アジサイ国での裁判が日本で承認されるか否かが問題となり、アジサイ国裁判所の判決の内容を日本で強制的に実現するためには、日本で再度裁判をすることも必要となります。

　他方、時間がたてばたつほど、子どもは新しい国の環境に慣れてしまいます。たとえば、アケルナルちゃんは、日本への帰国の時点では日本語が話せなかったかもしれませんが、やがて日本語を覚え、日本で保育園や小学校に通うようになるでしょう。その

ようになってしまうと、「アケルナルちゃんはイオ君とアジサイ国で生活すべきである」とはいいがたくなると思われます。つまり、時間がたてばたつほど、日本で裁判をするのであれば、「アケルナルちゃんのためには、アンさんが監護権者となるべきである」と判断される可能性が高くなるでしょう。また、アジサイ国の裁判所では「イオ君が監護権者となるべきである」と判断がされても、アケルナルちゃんが日本での生活になじんでいる場合には、「そのような判決を日本で承認することは、子どもの福祉を第一に考える日本法の基本的な正義概念と相いれない」などとして、民訴法118条3号の公序を理由に、アジサイ国の判決の承認が拒絶されてしまうこともあるでしょう。

　このように、時間の経過とともに、現状をひっくり返すことは子どものためにならなくなってしまいます。しかしそうなると、結局のところ「子どもを連れて行ってしまえば勝ち」ということにもなりかねません。

　そこで、このような場合について、まずは子どもを従来生活していた国に戻し、その後に子どもの監護権者が夫婦のいずれであるかを判断することにしたのが、「国際的な子の奪取の民事上の側面に関する条約」(Convention on the Civil Aspects of International Child Abduction) です。この条約は、ハーグ国際私法会議において1980年に採択されました。2014年8月現在、この条約の締約国は93にのぼります。日本の批准はほかの先進国よりも遅れましたが、平成26 (2014) 年4月からこの条約は日本においても発効しています。

この条約は、準拠法を定めるものではありませんし、従来の民事手続について、そこでとりあげる民事紛争が国際的なものであることに着目して特則を定めるものでもありません。国際結婚をした夫婦間で子どもの奪い合いが起きていること、そしてそれが「子どもを連れ去ってしまった方が勝ち」とされがちであるという現状をふまえて、まったく新しい制度を構築したものということができます。

　条約は、16歳未満の子が不法に連れ去られた場合、または留置されている場合（配偶者の同意を得て子どもを連れて一時的に実家に帰省した後に、従来生活していた国に戻らないことにした場合など）には、連れ去り等から１年以内であれば、「返還することによって子が心身に害悪を受け、又は他の耐え難い状態に置かれることとなる重大な危険がある」（条約13条１項ｂ）といった例外的な場合を除いて、子を従来生活していた国に返還させることにしています。したがって、アンさんがアケルナルちゃんを連れて単身日本に帰国した場合には、イオ君がこの条約に基づく申立てをすれば、イオ君がアケルナルちゃんを虐待していたといった事情がない限り、アケルナルちゃんをアジサイ国に戻してから、アンさんとイオ君とのいずれがアケルナルちゃんを育てるべきかを判断すべきことになります。

　この条約はこのほかに、監護権をもたない親と子との面接交流の確保についても規定しています。詳しくは、この条約と、この条約の実施法である「国際的な子の奪取の民事上の側面に関する条約の実施に関する法律」（平成25年法律第48号）をご覧ください。

第XII章　新たな出発
――アンさんの物語その2――

　アンさんはイオ君と離婚し、アケルナルちゃんを育てつつ、日本で毎日忙しい日々を送っていました。そんなある日、アンさんはウルシ国の国籍をもつ熟年の男性、ウェイ氏と親しくなります。やがてアンさんは妊娠し、アルビレオちゃんを出産します。アンさんはこれを機にウェイ氏と婚姻することを考えましたが、ウェイ氏は、「自分はもう老人だから」といい、アンさんと結婚しようとはしませんでした。

　その後、4人での幸せな生活が続きましたが、成長したアケルナル君がアジサイ国の大学に通い始めた頃、ウェイ氏が急に体調を崩し、ほどなく息を引き取ります。そこではじめてわかったことなのですが、実はウェイ氏には、ずっとウルシ国に住んでいる配偶者がいたのです。そして、ウェイ氏が亡くなってからわかったことがもう1つありました。ウェイ氏は、その財産はアンさんに遺したいと考え、遺言を作成していたのです。

　さて、アンさんは、以前から、趣味で友人たちと和風小物雑貨を作っていました。そんなある日、アケルナル君は、夏休みに日本に戻ってきた際に、日本に興味のあったアジサイ国の友人アルデバラン君を連れてきました。アルデバラン君は、アンさんの作った雑貨を気に入り、それを日本

みやげとして購入し、アジサイ国に帰っていきました。
　アルデバラン君が帰国して少したったある日、アンさんのもとにアジサイ国から手紙が届きます。それは、アルデバラン君のお父さん、アークトゥルス氏からのものでした。その手紙には、自分がアジサイ国で雑貨店を経営していること、アンさんの雑貨のデザインをとても気に入ったことなどが書かれていました。そして、アークトゥルス氏はアンさんに、雑貨をアジサイ国で販売するつもりはないかと尋ねてきたのです。
　アンさんは、ウェイ氏が遺してくれた財産を元手に、友人たちと、雑貨作りに本格的に乗り出そうと考えました。

1　非嫡出親子関係の成立

●**法的親子関係の成立総説**　　アンさんの物語、続いては、日本に帰国したアンさんがアルビレオちゃんを産んだ場面に注目しましょう。
　法的親子関係の成立の準拠法について、通則法は28条から31条に規定を置いています。いくつかの規定については、第Ⅳ章で選択的連結について説明した際に紹介しましたが（78頁）、ここで、法的親子関係の成立について通則法が規定している単位法律関係と連結点とを一覧しておきましょう。次頁にある、時点についての記述を省いた簡略版の表をご覧ください。
　さて、ここではまず、準拠法について検討する前提として、事実上の親子関係の存否という問題、つまり「2人の間に血のつながりはあるか」という問題と、法的親子関係の存否という問題、

28条	嫡出親子関係の成立	夫婦の本国法の選択的連結
29条1項	非嫡出親子関係の成立	親(か否かが問題となっている者)の本国法
29条2項	認知	親の本国法と子の本国法との選択的連結 ＋子の本国法上の一定の要件
30条	準正	父・母・子の本国法の選択的連結
31条	養子縁組	親(養親)の本国法 ＋子(養子)の本国法上の一定の要件

つまり「2人は法的に親子といえるか」という問題とは、異なる問題であることを確認しておきましょう。事実上の親子関係と法的親子関係とのずれは、養子縁組の場合には明らかです。しかし、それ以外の場合でも、両者がずれることがあります。どのような場合に法的親子関係を認めるかは準拠法によって異なりますから、ここでは日本民法の扱いを例に考えましょう。

　たとえば、日本の民法では、婚姻している女性が子を産んだときには、その子は夫婦の子であると扱われます(民法772条)。「嫡出子」というわけです。夫が「この子は私の子ではない。妻と、他の男性との間の子である」と考えた場合には、子が生まれたのを知ってから1年以内に、裁判所に訴え(嫡出否認の訴え)を起こす必要があります(同法774条以下)。したがって、嫡出否認の訴えがなされなければ、妻が産んだ子と夫との間に血のつながりがなくても、その子は夫の子とされることになります。

　また、婚姻していない女性が子を産んだ場合には、その女性と

生まれた子とは法的に親子であると扱うのが日本法です。しかしその場合、血縁上の「父」と子とは、子が生まれただけでは法的には親子とはされません。父が子を認知した場合、あるいは子などが父に対して認知の訴えを起こしてそれが裁判所に認められた場合に、はじめて血縁上の父子は法的にも父子と扱われることになるのです（民法779条。母の認知は原則として不要という点については、民法の授業で勉強してください）。したがって、血のつながりとしては父子である2人も、認知がなされなければ法的には他人ということになります。

このように、養子縁組以外にも、事実上の親子関係はないのに法的には親子とされたり、事実上の親子関係はあるのに法的には親子とされなかったりすることはあるのです。親子関係の存否も法的な問題であり、準拠法いかんによって判断が異なるものというわけです。

●アンさんとアケルナルちゃんとの関係

ここで少し時間をさかのぼって、アンさんとイオ君との間に生まれたアケルナルちゃんについて考えてみましょう。アケルナルちゃんについては、アンさんとイオ君の嫡出子であるか否かが問題となりますから、アンさん・イオ君とアケルナルちゃんとの間の法的親子関係の成立に関しては、通則法28条によって準拠法が定められます。したがって、アンさんの本国法であるアジサイ国法と、イオ君の本国法であるイチョウ国法とのいずれかによって、アケルナルちゃんがアンさんとイオ君との間の嫡出子と認められれば、アケルナルちゃんは2人の嫡出子と扱われることになります。

● **アンさんとアルビレオちゃんとの関係**　これに対し、アンさんとウェイ氏とは婚姻関係にありません。したがって、アンさんとアルビレオちゃん、またウェイ氏とアルビレオちゃんとが法的に親子であるか否かは、非嫡出親子関係の成立についての通則法29条によって準拠法が定まります。同条によると、まず1項前段により、非嫡出親子関係の成立は、子の出生の当時における、親か否かが問題となっている者の本国法によることになります。したがって、アンさんとアルビレオちゃんとの法的親子関係の成立については、アジサイ国法により判断されます。また、ウェイ氏とアルビレオちゃんとの法的親子関係の成立については、ウルシ国法によることになります。

非嫡出親子関係の成立については、各国の実質法上、事実上の親子関係が存在することに基づいてただちに法的な親子関係も肯定する立法主義（事実主義、血統主義）と、親の意思表示である「認知」があってはじめて法的親子関係を肯定する立法主義（意思主義、認知主義）とが存在します。通則法29条1項は、事実主義を念頭に置いた規定です。

これに対し、日本の民法における父子関係のように、非嫡出親子関係の成立に認知が必要とされている場合については、通則法29条2項が、子の出生の当時における「親」の本国法に加えて、認知当時の「親」または「子」の本国法による認知も可能としています。第Ⅳ章で述べた選択的連結です（78頁）。

ただ、認知は、子の意思に反する場合も考えられます。たとえば日本の民法も、「成年の子は、その承諾がなければ、これを認

知することができない」(782条) と規定しています。子が小さい間は放っておいたくせに、子が大きくなり自分が年老いたときになってはじめて、子に老後の面倒をみてもらおうなどという理由からなされる認知を、子の意思に反して認める必要はないと考えられるからです。

しかし、子の認知については「親」の本国法を含む選択的連結となりますと、日本人の子について日本の民法がこのように規定していても、子の意思に反する外国人からの認知は認められてしまう可能性があります。そこで、通則法29条1項後段および2項後段は、次のように規定しています。

> 29条① ……この場合において、子の認知による親子関係の成立については、認知の当時における子の本国法によればその子又は第三者の承諾又は同意があることが認知の要件であるときは、その要件をも備えなければならない。
> ② ……この場合において、認知する者の本国法によるときは、同項後段の規定を準用する。

このように、認知については、子の本国法上の一定の要件は常に充足する必要があるとされました。子などの同意を必要とする子の本国法が無視されることのないようにしたのです。

2 相　続

ウェイ氏が亡くなると、その財産についての相続が問題となります。

相続については、通則法36条により、被相続人の本国法が適用されます。この物語では、ウェイ氏の本国法であるウルシ国法が適用されることになりますね。

　また、ウェイ氏の遺言については、その実質的成立要件については、通則法37条により、遺言の成立当時における遺言者の本国法によることになります。やはりウルシ国法が準拠法となります。また、遺言の方式については、遺言の方式の準拠法に関する法律2条により、さまざまな法の選択的連結となります（77頁をご覧ください）が、この物語では、長年日本で暮らしているウェイ氏が日本で作成した遺言の方式が問題となるわけですから、ウルシ国法と日本法との選択的連結とされる可能性が高いと考えられます。ただし、ウェイ氏が外国に不動産を有している場合には、その不動産に関する遺言については、不動産所在地法に適合すれば遺言は方式上有効とされます（同法2条5号）。

　ウェイ氏には、実はウルシ国に配偶者がいましたから、その配偶者の遺留分が問題となります。遺留分とは、遺言にかかわらず、一定の相続人が受け取ることができるとされている相続財産の一定割合を意味します。日本の民法であれば、兄弟姉妹以外の相続人には一定の遺留分が認められています（民法1028条）が、そもそもそのような遺留分を認めない法制度も存在しますし、遺留分を認める割合やその認め方にもさまざまなものがあります。この点は、相続に関わる問題ですから、ウェイ氏の相続については、通則法36条によりウルシ国法によって判断されることになります。

3 行為能力

次に、アンさんの作った雑貨を、アルデバラン君が購入した場面に注目してみましょう。

これは、アンさんとアルデバラン君との契約、ということになりますが、アルデバラン君はアケルナル君の友人でまだ大学生だとしますと、そもそもアルデバラン君に行為能力があるかが問題となります。

人の行為能力については、通則法4条1項により、原則としてその本国法によって判断されます。したがって、アルデバラン君の行為能力については、アルデバラン君の本国法によって判断されることになります。ここでは、それはアジサイ国法だとしましょう。

日本では、20歳になれば成人とされ、単独で契約を締結する行為能力があるとされます。しかし、20歳を成年年齢とする法制は比較法的にはかなりの少数派で、多くの国では18歳を成年年齢としています。また、21歳を成年年齢としている国もかなりみられます。

では、アジサイ国では21歳が成年年齢とされていて、アルデバラン君が20歳だとすると、アルデバラン君は未成年者と扱われ、単独では有効に契約を締結できないことになってしまうのかといいますと……、すでに説明したとおり、通則法4条2項により、「当該法律行為の当時そのすべての当事者が法を同じくする地に在った場合に限り」、行為地法によれば行為能力が認められる場

合には、行為能力者とみなされることになります (79頁)。この物語では、契約の当事者であるアルデバラン君もアンさんも、契約締結当時には日本にいたと考えられますから、アルデバラン君が仮にアジサイ国法では未成年者とされるとしても、20歳に達していれば、日本法によって成年に達していると判断されることになります。

4 売買契約の準拠法と国際裁判管轄

さて、アンさんはアークトゥルス氏との間で、アンさんが作る雑貨をアークトゥルス氏が購入するという、国際的な売買契約を締結しようとしています。

このような売買契約の締結については、その準拠法が問題となりますし、また、契約に関連して紛争が生じた場合の国際裁判管轄の点も問題となるでしょう。

●売買契約の準拠法　売買契約の準拠法については、まず、通則法7条によって、契約当事者が指定した法があれば、その法が準拠法とされます。契約を含む法律行為の準拠法については、当事者の予測可能性を重視して、当事者が準拠法を選択できるとする当事者自治の原則が採用されたのです (64頁以下で簡単にふれたとおりです)。

当事者による準拠法の選択がない場合には、通則法8条によって準拠法が定められます。同条3項は不動産についての規定ですから省略し、ここでは、1項と2項をあげておきましょう。

> 8条① 前条の規定による選択がないときは、法律行為の成立及び効力は、当該法律行為の当時において当該法律行為に最も密接な関係がある地の法による。
> ② 前項の場合において、法律行為において特徴的な給付を当事者の一方のみが行うものであるときは、その給付を行う当事者の常居所地法……を当該法律行為に最も密接な関係がある地の法と推定する。

契約については、さまざまな内容のものが考えられますから、特定の客観的要素（たとえば、契約の締結地）によって準拠法を決定することにすると、契約との関連性の乏しい法が準拠法とされてしまう可能性があります。そこで、特定の要素を連結点とはせず、最密接関係地法によるとしたのが通則法8条1項です（最密接関係地という連結点については、105頁以下で説明しました）。

しかし、単に「最も密接な関係がある地の法による」というだけでは、準拠法決定の手がかりがまったくないことになってしまいます。そこで通則法は、契約においては一般的に、対価を得て一定の行為を引き受ける側（商品やサービスを提供する側）に契約関係の重点があるものと考えて、そのような行為を引き受ける側の常居所地法を最密接関係地法と推定することにしました。得られる対価は金銭であるのが通例で、金銭のやりとりはどのような契約にもみられるところです。これに対し、対価を得てなされる一定の行為はそれぞれの契約ごとに異なるもので、その契約を特徴づけるものということができます。そこで通則法8条2項は

「特徴的な給付」という文言を用い、「法律行為において特徴的な給付を当事者の一方のみが行う」ときに、「その給付を行う当事者の常居所地法」を最密接関係地法と推定したのです。

アンさんとアークトゥルス氏との契約においては、買主であるアークトゥルス氏が金銭を支払い、それに対して売主であるアンさんが雑貨を引き渡すことになっています。この契約における「特徴的な給付」は、アークトゥルス氏による金銭の支払いではなく、アンさんによる雑貨の引渡しということになります。したがって、アンさんとアークトゥルス氏との間の売買契約において、契約準拠法の定めがない場合には、アンさんの常居所地法である日本法が最密接関係地法と推定されることになります。

実際には、さまざまな要素から、それとは異なる法（たとえば、アジサイ国法）が最密接関係地法とされる可能性もあります。たとえば、契約書がアジサイ国の言語で作成され、売買代金がアジサイ国の通貨で支払われると合意されている、といった事情があれば、アジサイ国法が最密接関係地法とされることも十分に考えられるでしょう。

契約の当事者がその準拠法を選択しなかった場合には、このようにさまざまな要素から決定された最密接関係地法が、契約準拠法とされるのです。

●**国際裁判管轄** 契約を締結する際には、その契約から紛争が生じた場合に、いずれの国で裁判をすることになるかも意識する必要があります。第IX章で説明した、国際裁判管轄の問題です。

【国際裁判管轄の合意】

　売買契約の際には、国際裁判管轄について合意をすることができます。たとえば売買契約において、「この売買契約から生じる一切の紛争は、アジサイ国の○○裁判所における訴訟においてのみ解決するものとする」などという合意をすれば、要件をみたす限り、そのような合意に効力が認められるのです。

　日本の民事訴訟法において、国際裁判管轄の合意がどのような場合に有効とされるかについては、第IX章で説明したとおりです（207頁以下をご覧ください）。簡単にまとめますと、合意を書面で行うこと（3条の7第2項）、外国の裁判所にのみ訴えを提起することができる旨の合意については、その裁判所が裁判権を行うことができること（同条4項）、管轄権の専属に関する定めがないこと（3条の10）などが要件とされています。売買契約については、管轄権の専属に関する規定はありませんから、書面により、現実に裁判をしてくれる裁判所を合意すれば、合意の効力は認められそうです。

　もっとも、国際裁判管轄の合意をどのような要件のもとで認めるかも各国で異なります。したがって、たとえば「日本の東京地方裁判所のみで紛争を解決する」旨の合意が、日本法上は有効であったとしても、それがアジサイ国法上は有効とはされない可能性もあります。そのような場合には、アジサイ国で訴えが提起されてしまうと、その国では国際裁判管轄が肯定され、判決が下されてしまうおそれがあります。管轄合意を行う場合には、合意された国とは異なる国で訴えられるおそれがあるか、そのような国

が国際裁判管轄の合意に効力を認めているか、といった点について、事前に検討しておく方がよいということになります。
【国際裁判管轄の合意がない場合】

さて、国際裁判管轄の合意がない場合には、一般的な規定によって国際裁判管轄の有無が判断されます。

アンさんとしては、アークトゥルス氏との契約に関して紛争が生じた場合には、日本の裁判所で審理判断してほしいと考えるかもしれません。民事訴訟法の定める国際裁判管轄に関する規定の中で、その根拠となりそうなものとしては、3条の3第1号があります。

> 民訴法3条の3　次の各号に掲げる訴えは、それぞれ当該各号に定めるときは、日本の裁判所に提起することができる。
>
> (一)　契約上の債務の履行の請求を目的とする訴え又は契約上の債務に関して行われた事務管理若しくは生じた不当利得に係る請求、契約上の債務の不履行による損害賠償の請求その他契約上の債務に関する請求を目的とする訴え　契約において定められた当該債務の履行地が日本国内にあるとき、又は契約において選択された地の法によれば当該債務の履行地が日本国内にあるとき。

これによると、契約において定められた債務の履行地が日本国内にあれば、その債務の履行を求めて日本で訴えを提起できることになります。したがって、たとえば、アークトゥルス氏の売買

代金支払義務を日本で履行するものと契約で定めておけば、仮にアークトゥルス氏が売買代金の支払いをしなかったとしても、アンさんがアークトゥルス氏に対して代金の支払いを求める訴えを提起すれば、そのような訴えについて日本の国際裁判管轄が認められることになります。代金の支払いを求める訴えは、民訴法3条の3第1号でいう「契約上の債務の履行の請求を目的とする訴え」にあたると考えられるからです。

　もっとも、民訴法3条の3第1号に該当しても、「事案の性質、応訴による被告の負担の程度、証拠の所在地その他の事情を考慮して、日本の裁判所が審理及び裁判をすることが当事者間の衡平を害し、又は適正かつ迅速な審理の実現を妨げることとなる特別の事情がある」（民訴法3条の9）とされる場合には、日本での訴えは却下されます（215頁以下をご覧ください）。

　なお、日本の国際裁判管轄が認められ、日本国内で勝訴判決を得られたとしても、その判決の効力がただちにアジサイ国に及ぶわけではありません。日本の裁判所の判決が果たして、またいかなる場合にアジサイ国でも効力が認められるかについては、アジサイ国において外国判決の承認・執行に関してどのような制度がとられているかによることになります。仮に、アジサイ国においては日本の判決が承認されないのであれば、その点をふまえて、いずれの国で訴えを提起するか、あるいはそもそも契約締結時点においていずれの国の裁判所を管轄合意するか、考えておく必要があることになるでしょう。

5 国際物品売買契約に関する国際連合条約

 この章の最後に、国際物品売買契約に関する国際連合条約、CISG についてふれておきましょう。第1部の最後のコラム (165頁以下) でとりあげた条約です。

 CISG は、1980年に国際連合国際商取引法委員会 (UNCITRAL) で採択された条約です。日本については、平成21 (2009) 年8月1日から効力を生じています。

 この条約は、営業所が異なる国に所在する当事者間の物品売買契約について、これらの国がいずれも締約国である場合 (条約1条(1)(a)) あるいは CISG の締約国の法が準拠法とされる場合 (同条(b)) に適用されます。当事者が営業所を有しない場合には、その常居所が基準とされますから (10条(b))、アンさんとアークトゥルス氏との間の売買契約については、アジサイ国が CISG の締約国である場合や、CISG の締約国 (たとえば日本) の法が準拠法とされる場合には、CISG が適用されることになります。

 ここで、日本の民法の適用を望んで「この契約の準拠法は日本法とする」旨の契約条項を入れた場合、日本の民法ではなく、CISG が適用されてしまうことには十分に注意する必要があります。

 もっとも、これに関して条約6条は、「当事者は、この条約の適用を排除することができる」と規定しています。したがって、日本法を準拠法としつつ、CISG の適用は避けたいと考える場合には、CISG の適用を排除する旨を契約で合意しておけばよいことになります。

第XIII章　ビジネスでの成功、そして……
──アンさんの物語その3──

　アンさんの作る和風小物雑貨は、アジサイ国で次第に人気が出てきました。アンさんが日本で設立したスピカ株式会社の業績も順調です。その頃アンさんは、子どものアケルナル君から、「友人に、『あの雑貨、君のお母さんの会社が作ってるの？　あれ、良いんだけど、高くて手が出ないんだよね』といわれたんだ。」という話を聞きました。

　アンさんとしては以前から、自分の作る雑貨は、いろいろな人に手にとってもらい、気軽に購入してもらえるといいな、と思っていました。しかし、アークトゥルス氏は、アンさんの雑貨を「高級輸入雑貨」として販売し、利益を確保したいと考えていました。

　アンさんは、このような考え方の違いに次第に耐えられなくなり、アークトゥルス氏との契約を終了することにしました。そして、スピカ株式会社がアジサイ国の首都に直営店を出し、アジサイ国の人たちに雑貨を直接販売することにしたのです。

　アンさんのビジネスは順調に発展し、アンさんは日本とアジサイ国とを忙しく行き来する日々が続きました。そんなある日、アンさんは、アジサイ国で、自分たちの作る雑貨にそっくりの商品が販売されていることに気づきました。また、インターネット上には、アンさんについて「不倫相

手から得たお金でビジネスを始めた」などと、過去の男性関係を暴露するような文章が掲載され、一部で話題になっているようです。

　アンさんは、憤慨し、また戸惑いを覚えつつも、これからも前向きに日々を過ごしていきたいと考えています。

1　会社の設立

アンさんは、日本で製造した雑貨をアークトゥルス氏に販売していましたが、アークトゥルス氏との考え方の違いから、アジサイ国に直接ビジネスの拠点を置くことにしました。まずは、この場面に着目しましょう。

スピカ株式会社のような日本の会社が外国に進出する場合、進出形態には大きく分けて、現地に独立した会社（子会社）を設立するという形態と、現地に支店を置くという形態との2つが考えられます。そのいずれの形態を選ぶかは、その国で事業を行うことに対する許認可の問題や、税金の問題などを考慮して判断すべき事柄です。

アジサイ国で活動する会社を設立する場合には、アジサイ国法に依拠して設立することが一般的です。そのような会社の内部関係に関する諸問題、たとえば日本の株式会社に相当するような会社であれば、株主総会の権限、取締役会の権限、代表取締役の権限と責任、株主権の内容、作成すべき会計書類などといった問題については、すべてアジサイ国法によることになります。ある国の法に依拠して、その国で活動する会社が設立された場合、その

会社の内部関係について当該国の法が適用されるということは、多くの国で認められている原則です。

なお、日本の通則法には、会社を含む法人に関する準拠法についての規定は置かれていません。しかし、第Ⅲ章でも簡単にふれたように（45頁）、法人の設立や内部関係に関する諸問題については、法人が設立の際に依拠した法である設立準拠法によるとする見解が多数説です。これに対しては、法人の本拠地の法によるとする本拠地法説も唱えられており、基本的に本拠地法説に従う国も存在します。しかし、多くの場合には、法人の設立準拠法と本拠地法とは一致します。したがって、そのような法人の内部関係については、いずれの見解によっても、設立準拠法すなわち本拠地法が適用されることになるのです。

さて、アジサイ国で活動する会社が、アジサイ国以外の法に基づいて設立された場合には、以上に述べたような準拠法選択の問題のほかに、そもそもそのような会社（現地からみれば、外国会社になるといってよいでしょう）の設立が認められるか、またそのような会社の設立が認められるとしても、その国での活動が認められるのか、といった点が問題となります。この点は、もっぱら現地の法律によって判断されることになります。

したがって仮に、スピカ株式会社が、その子会社をたとえばイチョウ国法に基づいて設立したとしますと、その子会社がアジサイ国で活動できるか否かについては、アジサイ国法の規律によることになります。アジサイ国法の内容についてはわかりませんが、参考として、関連する問題について日本法がどのように規律して

いるかを簡単に紹介しておきましょう。

日本でこの点について規律している中心的な規定は、会社法821条です。

> 会社法821条① 日本に本店を置き、又は日本において事業を行うことを主たる目的とする外国会社は、日本において取引を継続してすることができない。
> ② 前項の規定に違反して取引をした者は、相手方に対し、外国会社と連帯して、当該取引によって生じた債務を弁済する責任を負う。

このように、日本の会社法は、「日本に本店を置き、又は日本において事業を行うことを主たる目的とする」ような外国会社は日本で取引を継続してすることはできないものとしました。そして、それに違反して取引をした者には、外国会社と連帯して個人責任を負わせることにしたのですから、なかなか厳しい規制です。要するに、日本に本店を置くような場合や、日本における事業を主たる目的とするような場合には、日本の会社法に基づいて会社を設立しなさい、というわけです。

なお、ここで「外国会社」とは、「外国の法令に準拠して設立された法人その他の外国の団体であって、会社と同種のもの又は会社に類似するもの」（会社法2条2号）を意味します。

さて、以上説明したように、スピカ株式会社のアジサイ国への進出については、いろいろなやり方がありますが、ここでは、話を単純にするために、スピカ株式会社がアジサイ国に支店を置く

ことを前提に、話を進めていきたいと思います。

2　労働契約・消費者契約

アンさんが設立したスピカ株式会社がアジサイ国に支店を置く場合には、そこで人を雇うことになるでしょう。それはつまり労働契約の締結です。また、その直営店にやってきた消費者に雑貨を販売する際には、消費者契約を締結することになるでしょう。ここでは、そのような労働契約や消費者契約をめぐって紛争が生じた場合にどうなるかを考えてみましょう。

●準拠法　労働契約や消費者契約は、契約すなわち法律行為の一種ですから、その準拠法については、契約当事者が自由に定めてよいのが原則ということになります。通則法7条でしたね。

しかし、それでは、労働者に対する使用者、消費者に対する事業者という、経済的に優位な立場にある者が、自己に有利な準拠法選択を相手方に押しつけることで、労働者や消費者に認められている実質法上の保護が奪われてしまう可能性があります。そこで、通則法は消費者契約についての11条、労働契約についての12条という特則を置き、契約準拠法が指定されている場合であっても、意思表示に基づく特別連結ともいうべき連結方法により、消費者の常居所地法や、労働契約の最密接関係地法上の特定の強行規定の適用を確保できるようにしました。この点については、労働契約を中心に、第Ⅳ章で説明したところです（85頁以下参照）。

消費者契約や労働契約の準拠法については、契約で準拠法が選

択されていない場合についても、特則が置かれています。すなわち、消費者契約については、契約当事者が準拠法を選択していない場合には、消費者の常居所地法が消費者契約の準拠法とされます（通則法11条2項）。また、労働契約については、契約当事者が準拠法を選択していない場合には、最密接関係地法による点では通常の契約と同様ですが、「労働契約において労務を提供すべき地の法」つまり労働者が働いている場所の法が、最密接関係地法と推定されます（同法12条3項）。

通則法の規定によれば、たとえばスピカ株式会社がアジサイ国で締結する労働契約については、契約で準拠法を定めていなければアジサイ国法が準拠法となりそうです。また、契約で仮に日本法を準拠法と定めていても、アジサイ国法上の一定の強行規定が「意思表示に基づく特別連結」により適用される可能性があります。

なお、消費者契約に関する特則は、一定の場合には適用されません。それについて規定しているのが、通則法11条6項です。そこでは同条の特則が適用されない消費者契約として4つの類型が定められています。代表的なものとして、同項1号をここではあげておきましょう。

> 11条6項㈠　事業者の事業所で消費者契約に関係するものが消費者の常居所地と法を異にする地に所在した場合であって、消費者が当該事業所の所在地と法を同じくする地に赴いて当該消費者契約を締結したとき。（ただし書略）

文言はわかりにくいですが、その趣旨は、消費者が自ら外国に赴き、その外国の事業者と消費者契約を締結した場合には、消費者契約に関する特則は適用しないというものです。そのような場合に、消費者の常居所地法を適用して、消費者を保護する根拠は乏しいからです。たとえば、東京スカイツリーの土産物店で外国人観光客に対して東京みやげを販売することも消費者契約です。しかし、そのような契約について、観光客（消費者）を、その常居所地法によって保護する必要はないでしょう。「郷に入っては郷に従え」ということわざの通りです。そのことを定めたのが通則法11条6項1号というわけです。

　この物語に戻って考えますと、スピカ株式会社の直営店が雑貨を販売する際に締結する消費者契約についても、11条6項が適用される可能性があります。アジサイ国以外の国に常居所を有する消費者が、アジサイ国を訪れた際に、スピカ株式会社の直営店から雑貨を購入した場合です。そのような場合には、消費者契約についての特則である通則法11条は適用されないことになります。つまり、スピカ株式会社の直営店における雑貨の販売については、アジサイ国に常居所を有する消費者との関係でのみ、消費者契約に関する特則である同条が適用されることになるのです。通則法11条が適用される場合には、契約で準拠法を定めていなければアジサイ国法が準拠法となります（通則法11条2項）。また、契約で仮に日本法を準拠法と定めていても、アジサイ国法上の一定の強行規定が「意思表示に基づく特別連結」により適用される可能性があることになります（同条1項）。

なお、このほか、消費者契約の準拠法については、その方式についても特則が置かれていますが（通則法11条3項から5項）、ここでは省略します。

●**国際裁判管轄**　労働契約・消費者契約に関する訴えについては、国際裁判管轄についても、労働者および消費者を保護する規定が置かれています。これについては、第IX章で詳しく説明しました（210頁以下になります）。

したがってここでは細かな検討は省略しますが、これらの規定によれば、スピカ株式会社がアジサイ国で締結する労働契約や消費者契約をめぐる紛争についてはアジサイ国の裁判所で裁判することになりそうです。

もっとも、実際にアジサイ国の裁判所に訴えが提起された場合には、アジサイ国の裁判所はアジサイ国法に従って、その国際裁判管轄の有無を判断します。したがって、スピカ株式会社とアジサイ国の労働者との間の労働契約において、日本の裁判所にのみ国際裁判管轄を認める旨の合意がなされており、それにもかかわらず労働者がアジサイ国の裁判所に訴えを提起した場合、アジサイ国の裁判所は、アジサイ国法に基づいて、国際的裁判管轄の合意を理由に労働者の訴えを却下する可能性もあります。このように、日本法とは異なる判断がなされる可能性がありますから、やはりここでも、アジサイ国法がどのような内容のものであるかを調査する必要があることになります。

3 知的財産権

さて、アンさんのビジネスが順調に発展していったある日、アンさんはアジサイ国で、自分たちの作る雑貨にそっくりな商品が販売されていることに気づきました。この場面に着目してみましょう。

アンさんからしますと、「自分のデザインを真似た」「ズルい」ということで、このような類似品の製造や販売をやめさせたい、あるいはそのようなことを行う業者に損害賠償を請求したい、ということになるでしょう。

その前提として、アンさん（あるいはスピカ株式会社）が、この雑貨のデザインについて、何か権利をもっていないかが問題となります。

人の精神的な活動によって得られた表現や発明などに対する権利を知的財産権といいます（非常に大ざっぱな説明です。知的財産権の正確な定義については知的財産法の教科書をぜひお読みください）。知的財産権については、第Ⅲ章で簡単にふれたように、各国においてそれぞれ独立した権利として認められています（44頁参照）。たとえば、同一の発明に基づく特許権であっても、日本法上の特許権と、アジサイ国法上の特許権とは別個独立のものとされます。

したがって、アンさんまたはスピカ株式会社が、その雑貨のデザインに関連して何らかの知的財産権をアジサイ国において有しているか否かは、アジサイ国法によって判断されることになりま

す。

4 不法行為

アンさんやスピカ株式会社が、アジサイ国法上、雑貨のデザインについて知的財産権を有しているとはされない場合であっても、だからといって、アンさんたちの作る雑貨によく似た商品を販売することに法的な問題がないとは限りません。たとえば、日本法であれば、不正競争防止法により、営業上の利益の侵害の停止や損害賠償などを請求できると思われます。

では、スピカ株式会社が、自社の商品と類似の雑貨を販売している業者に対して、販売の差止めや損害賠償を請求する場合、その是非については、どのように準拠法を定めるべきでしょうか。ここでも、まずは性質決定が問題となります。

このような物品の販売は、スピカ株式会社の利益を侵害しているものと考えられますから、通則法の規定する「不法行為」にあたると考えられそうです。

ここで「『不法行為』にあたると考えられそうです」と書きましたが、誤解を避けるために一言補足をしておきたいと思います。類似の雑貨を販売している業者の行為が、実際に不法行為にあたるとされ、損害賠償義務を負うかどうかは、準拠法である実質法を適用した結果、はじめてわかることです。先に「『不法行為』にあたる」と書いたのは、あくまでも、ここで検討すべき法的問題が、通則法の規定する「不法行為」という単位法律関係に含まれるものとして準拠法を決定すべきであるという意味にすぎませ

ん。

　国際私法上の準拠法選択（そしてその出発点である性質決定）の問題と、準拠実質法を適用した結果の問題とはきちんと区別し、ここで何が問題となっているのかを理解できるようになってもらいたいと思います。

　さて、以上の説明を前提に、以下では、通則法の定める不法行為の準拠法について概観することにします。

●**通則法の定める3類型**　通則法は、不法行為の準拠法について、17条以下で規定しています。そのうち、17条から19条は、不法行為の類型ごとに、原則的な準拠法を定めています。このうち17条については、第Ⅳ章で簡単にふれましたが（68頁以下）、改めて3つの条文をここであげておきましょう。

> 17条　不法行為によって生ずる債権の成立及び効力は、加害行為の結果が発生した地の法による。ただし、その地における結果の発生が通常予見することのできないものであったときは、加害行為が行われた地の法による。
> 18条　前条の規定にかかわらず、生産物……で引渡しがされたものの瑕疵により他人の生命、身体又は財産を侵害する不法行為によって生ずる生産業者……等……に対する債権の成立及び効力は、被害者が生産物の引渡しを受けた地の法による。ただし、その地における生産物の引渡しが通常予見することのできないものであったときは、生産業者等の主たる事業所の所在地の法……による。

> 19条　第17条の規定にかかわらず、他人の名誉又は信用を毀損(きそん)する不法行為によって生ずる債権の成立及び効力は、被害者の常居所地法（被害者が法人その他の社団又は財団である場合にあつては、その主たる事業所の所在地の法）による。

　このように、通則法は、不法行為を一般的不法行為（17条）、生産物責任（18条）、名誉信用毀損（19条）の３つに分けています。したがって、性質決定の際には、そのいずれにあたるかを判断する必要があります。具体的には、当該不法行為が、18条または19条の規定する類型にあたるか否かを検討し、あたらない場合には17条によることになるのです。

　この物語で問題とされている、日本法であれば不正競争防止法に違反すると評価されるような行為は、19条の「他人の信用を毀損する不法行為」にあたるか否かが問題となります。そして、その点については、19条の単位法律関係に含まれると考えることも、それには含まれないとして17条の単位法律関係に含まれると考えることも、どちらの見解も考えられるところです。

　このような行為は他人の信用を毀損するものであるとすると、19条の「他人の名誉又は信用を毀損する不法行為」という単位法律関係に含まれると考えることになります。その場合には、同条により、「被害者の常居所地法（被害者が法人その他の社団又は財団である場合にあつては、その主たる事業所の所在地の法）」によることになります。ここでは、スピカ株式会社という法人が被害者ですから、その主たる事業所の所在地の法である日本法が準拠法

とされることになりそうです。

　これに対し、そのようには考えずに、この問題は17条の規定する一般的不法行為にあたると性質決定する場合には、同条により、原則として、「加害行為の結果が発生した地の法」によることになります。ここで「結果」とは何か、それが発生した地はどこかについても、さまざまな考え方があります。たとえば、結果とはアジサイ国におけるスピカ株式会社の売り上げの減少であると考えると、それが発生した地はアジサイ国ということになるでしょう。類似商品を販売している者にとって、アジサイ国における結果の発生は通常予見できるものと考えられますから、この場合にはアジサイ国法が準拠法とされることになりそうです。

●例外条項など　　不法行為については、以上で説明した、原則的な準拠法について定めている通則法17条から19条のほかに、20条以下にも規定が置かれています。

　通則法20条は、例外条項と呼ばれるものです。条文を掲げておきましょう。

> 20条　前三条の規定にかかわらず、不法行為によって生ずる債権の成立及び効力は、不法行為の当時において当事者が法を同じくする地に常居所を有していたこと、当事者間の契約に基づく義務に違反して不法行為が行われたことその他の事情に照らして、明らかに前三条の規定により適用すべき法の属する地よりも密接な関係がある他の地があるときは、当該他の地の法による。

不法行為については、さまざまな場合があります。また、契約準拠法の場合とは異なり、予見可能性はそれほど重視すべき要素ではありません。そこで、通則法17条から19条によって準拠法とされた法以外の法が、より密接な関係を有していることが明らかであるような場合には、そのような法によることにした、というのが20条です。

　先ほどの例ですと、通則法19条によるとした場合には、日本法が準拠法とされました。しかし、アジサイ国法の方がより密接な関係を有していることが明らかであると考えられる場合には、20条により、アジサイ国法を準拠法とすることになるわけです。

　通則法21条は、不法行為の準拠法についても、当事者が事後的に準拠法を変更できるとする規定です。法律行為についての9条に類似する規定ですが、ここでは省略します。

　通則法22条は、不法行為の成立および効力について、日本法を累積的に適用するものとする規定です。この規定については、それに対する批判も含めて、第Ⅳ章で説明しました（80頁以下参照）ので、そこに譲ることにします。仮にスピカ株式会社に対する不法行為の有無が日本の裁判所で問題となった場合には、準拠法がアジサイ国法とされても、同条によりさらに日本法が累積的に適用されることになります。アジサイ国法と日本法の双方が不法行為の成立を認めた場合に限り、また双方の法が認める効力に限って、スピカ株式会社の加害者に対する請求は認められることになるというわけです。

●**名誉毀損** 　アンさんの物語について、最後に、アンさんを中傷するような文章がインターネット上に掲載されている点にふれることにしましょう。

　アンさんが、このような文章をインターネット上に公表した相手を特定し、損害賠償などを請求するとした場合には、そのような請求についてはいかなる法が準拠法となるでしょうか。

　ここでも、まずは性質決定を行います。このような行為は、通則法19条の規定する「他人の名誉……を毀損する不法行為」にあたると考えてよいでしょう。したがって、同条により、被害者であるアンさんの常居所地法が準拠法となります。常居所の意義についてはすでに説明したとおり（100頁以下参照）ですが、アジサイ国と日本とを頻繁に往来しているアンさんの常居所地がアジサイ国と日本とのいずれにあるのかは判断に迷う場合もあるかもしれません。アンさんが、それぞれの国にどの程度滞在しているかや、アンさんの生活の基盤がどこにあるかなどのさまざまな要素から判断することになるでしょう。

　なお、通則法19条によりいずれの法が準拠法とされる場合であっても、20条の例外条項は適用されます。また、外国法が準拠法とされた場合には、22条により日本法が累積的に適用されます。

5　物語は続く

　アンさんの物語、いかがだったでしょうか。

　アンさんはこれからも前向きに生きていくとのことで、物語はまだまだ続きそうです。しかし、この本に与えられた紙数はすで

に大幅に超過してしまいましたので、この物語の続きは、読者のみなさんに委ねることにしましょう。

また、たとえば「ウェイ氏が亡くなる前に生まれ故郷のウルシ国を訪ね、そこで行方不明になっていたら……」といったサイドストーリーを考え、それにともなって発生する国際私法上の問題の解決を考えてみるというのも面白いでしょう。

アンさんの物語を参考に、みなさん自身のこれからの人生に、国際私法を生かしてほしいと思います。

■コラム：国際民事紛争解決の思考過程——第3部の終わりに

　第3部では、第1部で学んだ準拠法選択の手法と、第2部で学んだ国際裁判管轄や外国判決の承認執行制度の理解を前提に、国際民事紛争をどのように解決していくかについて、具体的に検討してみました。個別の論点についてはすでに書いたところや、他の教科書などに譲ることにしますが、第3部の、そしてこの本の最後に、国際民事紛争を解決する際の思考過程といいますか、注意点といいますか、そういったものをまとめておきたいと思います。

　まず最初に、そもそも準拠法選択といった国際私法の手法を用いることができる問題なのかを検討する必要がありました。第1部の末尾のコラム（165頁以下）でとりあげた条約との関係や、第2部の末尾のコラム（245頁以下）でとりあげた公法との関係について、注意が必要となります。

　第2に、準拠法選択／国際裁判管轄／外国判決の承認執行という3つの問題の現れ方を確認しておきましょう。契約や不法行為など、法律関係（権利義務関係）の形成や変動に裁判所が関与しないものについては、「それに関して生じた紛争は、いかなる国の裁判所で解決すべきか」という国際裁判管轄の問題と、「そのような紛争の解決にあたっていかなる法が準拠法とされるか」という準拠法選択の問題、そして「それについてある国で下される判決の効力が、他国においても認められるのか」という外国判決の承認執行の問題を、順に考えていけばよいことになります。このような場合は、準拠法選択／国際裁判管轄／外国判決の承認執行という3つの問題が、どのような場面で問題となるのか、比較的考えやすいのではないかと思います。

　これに対し、離婚や養子縁組のように、法律関係の形成や変動に

コラム：国際民事紛争解決の思考過程　　299

裁判所が関与する可能性があるものについては、これら3つの問題の現れ方はもう少し複雑です。まず、そのような法律関係の形成等に裁判所の関与が必要か否かを、準拠法によって判断する必要があります。そして、裁判所の関与が必要とされた場合などには、法律関係の形成等の段階で、国際裁判管轄の問題についての検討も必要となるのです。また、外国裁判所が判決等によって形成した法律関係（たとえば養子縁組）について、その有効性が日本で問題となる場合には、その外国判決が承認要件をみたすか否かが問題とされます。当該法律関係の準拠法を適用して（養子縁組であれば通則法31条が定める準拠法によって）改めてその有効性を判断するような「実質的再審査」は許されていないのです。

　第3に、特に準拠法の選択適用過程においては、準拠法選択＝国際私法のレベルの問題と、特定の実質法やその適用結果といったレベルの問題とを区別する必要があります。この点は、この本でも折にふれて説明してきたところです。今自分が取り組んでいる「問い」がどちらのものなのかをきちんと認識し、両者を区別することを忘れないようにしましょう。

　そして第4に、この点も繰り返し説明してきたところですが、準拠法選択／国際裁判管轄／外国判決の承認執行に関する国際私法上の規律内容は、各国ごとに異なるということを忘れてはなりません。この本ではもちろん、「日本の」国際私法ではどうなるのか、という点を中心に説明してきました。しかし、実際に国境をまたいで活動している個人や企業は、日本の国際私法の規律だけを念頭に置いて行動するわけにはいきません。日本の国際私法を通じて適用される外国の実質法のみならず、外国の国際私法の規律にも注意を払う必要があるのです。

　これらの点を頭にとどめて、第1部で学んだ準拠法選択の考え方、

そして第2部で学んだ国際裁判管轄と外国判決承認制度、これらを理解していれば、国際民事紛争の解決について、大きな間違いを犯すことはないでしょう。

　この本をお読みいただき、ありがとうございました。

■資料：法の適用に関する通則法

(平成18年6月21日法律第78号)

第1章 総　　則

〔趣旨〕
第1条　この法律は、法の適用に関する通則について定めるものとする。

第2章　法律に関する通則

〔法律の施行期日〕
第2条　法律は、公布の日から起算して20日を経過した日から施行する。ただし、法律でこれと異なる施行期日を定めたときは、その定めによる。
〔法律と同一の効力を有する慣習〕
第3条　公の秩序又は善良の風俗に反しない慣習は、法令の規定により認められたもの又は法令に規定されていない事項に関するものに限り、法律と同一の効力を有する。

第3章　準拠法に関する通則

第1節　人

〔人の行為能力〕
第4条①　人の行為能力は、その本国法によって定める。
②　法律行為をした者がその本国法によれば行為能力の制限を受けた者となるときであっても行為地法によれば行為能力者となるべきときは、当該法律行為の当時そのすべての当事者が法を同じくする地に在った場合に限り、当該法律行為をした者は、前項の規定にかかわらず、行為能力者とみなす。
③　前項の規定は、親族法又は相続法の規定によるべき法律行為及び行為地と法を異にする地に在る不動産に関する法律行為については、適用しない。
〔後見開始の審判等〕
第5条　裁判所は、成年被後見人、被保佐人又は被補助人となるべき者が日本に住所若しくは居所を有するとき又は日本の国籍を有するときは、日本法により、後見開始、保佐開始又は補助開始の審判（以下「後見開始の審判等」と総称する。）をすることができる。
〔失踪の宣告〕
第6条①　裁判所は、不在者が生存していたと認められる最後の時点において、不

在者が日本に住所を有していたとき又は日本の国籍を有していたときは、日本法により、失踪の宣告をすることができる。
② 前項に規定する場合に該当しないときであっても、裁判所は、不在者の財産が日本に在るときはその財産についてのみ、不在者に関する法律関係が日本法によるべきときその他法律関係の性質、当事者の住所又は国籍その他の事情に照らして日本に関係があるときはその法律関係についてのみ、日本法により、失踪の宣告をすることができる。

第2節　法律行為

〔当事者による準拠法の選択〕
第7条　法律行為の成立及び効力は、当事者が当該法律行為の当時に選択した地の法による。

〔当事者による準拠法の選択がない場合〕
第8条① 前条の規定による選択がないときは、法律行為の成立及び効力は、当該法律行為の当時において当該法律行為に最も密接な関係がある地の法による。
② 前項の場合において、法律行為において特徴的な給付を当事者の一方のみが行うものであるときは、その給付を行う当事者の常居所地法（その当事者が当該法律行為に関係する事業所を有する場合にあっては当該事業所の所在地の法、その当事者が当該法律行為に関係する二以上の事業所で法を異にする地に所在するものを有する場合にあってはその主たる事業所の所在地の法）を当該法律行為に最も密接な関係がある地の法と推定する。
③ 第1項の場合において、不動産を目的物とする法律行為については、前項の規定にかかわらず、その不動産の所在地法を当該法律行為に最も密接な関係がある地の法と推定する。

〔当事者による準拠法の変更〕
第9条　当事者は、法律行為の成立及び効力について適用すべき法を変更することができる。ただし、第三者の権利を害することとなるときは、その変更をその第三者に対抗することができない。

〔法律行為の方式〕
第10条① 法律行為の方式は、当該法律行為の成立について適用すべき法（当該法律行為の後に前条の規定による変更がされた場合にあっては、その変更前の法）による。
② 前項の規定にかかわらず、行為地法に適合する方式は、有効とする。
③ 法を異にする地に在る者に対してされた意思表示については、前項の規定の適用に当たっては、その通知を発した地を行為地とみなす。
④ 法を異にする地に在る者の間で締結された契約の方式については、前二項の規定は、適用しない。この場合において、第1項の規定にかかわらず、申込みの通知を発した地の法又は承諾の通知を発した地の法のいずれかに適合する契約の方式は、有効とする。

⑤ 前三項の規定は、動産又は不動産に関する物権及びその他の登記をすべき権利を設定し又は処分する法律行為の方式については、適用しない。
〔消費者契約の特例〕
第11条① 消費者(個人(事業として又は事業のために契約の当事者となる場合におけるものを除く。)をいう。以下この条において同じ。)と事業者(法人その他の社団又は財団及び事業として又は事業のために契約の当事者となる場合における個人をいう。以下この条において同じ。)との間で締結される契約(労働契約を除く。以下この条において「消費者契約」という。)の成立及び効力について第7条又は第9条の規定による選択又は変更により適用すべき法が消費者の常居所地法以外の法である場合であっても、消費者がその常居所地法中の特定の強行規定を適用すべき旨の意思を事業者に対し表示したときは、当該消費者契約の成立及び効力に関しその強行規定の定める事項については、その強行規定をも適用する。
② 消費者契約の成立及び効力について第7条の規定による選択がないときは、第8条の規定にかかわらず、当該消費者契約の成立及び効力は、消費者の常居所地法による。
③ 消費者契約の成立について第7条の規定により消費者の常居所地法以外の法が選択された場合であっても、当該消費者契約の方式について消費者がその常居所地法中の特定の強行規定を適用すべき旨の意思を事業者に対し表示したときは、前条第1項、第2項及び第4項の規定にかかわらず、当該消費者契約の方式に関しその強行規定の定める事項については、専らその強行規定を適用する。
④ 消費者契約の成立について第7条の規定により消費者の常居所地法が選択された場合において、当該消費者契約の方式について消費者が専らその常居所地法によるべき旨の意思を事業者に対し表示したときは、前条第2項及び第4項の規定にかかわらず、当該消費者契約の方式は、専ら消費者の常居所地法による。
⑤ 消費者契約の成立について第7条の規定による選択がないときは、前条第1項、第2項及び第4項の規定にかかわらず、当該消費者契約の方式は、消費者の常居所地法による。
⑥ 前各項の規定は、次のいずれかに該当する場合には、適用しない。
㈠ 事業者の事業所で消費者契約に関係するものが消費者の常居所地と法を異にする地に所在した場合であって、消費者が当該事業所の所在地と法を同じくする地に赴いて当該消費者契約を締結したとき。ただし、消費者が、当該事業者から、当該事業所の所在地と法を同じくする地において消費者契約を締結することについての勧誘をその常居所地において受けていたときを除く。
㈡ 事業者の事業所で消費者契約に関係するものが消費者の常居所地と法を異にする地に所在した場合であって、消費者が当該事業所の所在地と法を同じくする地において当該消費者契約に基づく債務の全部の履行を受けたとき、又は受けることとされていたとき。ただし、消費者が、当該事業者から、当該事業所の所在地と法を同じくする地において債務の全部の履行を受けることについての勧誘をその常居所地において受けていたときを除く。

㈢ 消費者契約の締結の当時、事業者が、消費者の常居所を知らず、かつ、知らなかったことについて相当の理由があるとき。
㈣ 消費者契約の締結の当時、事業者が、その相手方が消費者でないと誤認し、かつ、誤認したことについて相当の理由があるとき。

〔労働契約の特例〕
第12条① 労働契約の成立及び効力について第7条又は第9条の規定による選択又は変更により適用すべき法が当該労働契約に最も密接な関係がある地の法以外の法である場合であっても、労働者が当該労働契約に最も密接な関係がある地の法中の特定の強行規定を適用すべき旨の意思を使用者に対し表示したときは、当該労働契約の成立及び効力に関しその強行規定の定める事項については、その強行規定をも適用する。
② 前項の規定の適用に当たっては、当該労働契約において労務を提供すべき地の法（その労務を提供すべき地を特定することができない場合にあっては、当該労働者を雇い入れた事業所の所在地の法。次項において同じ。）を当該労働契約に最も密接な関係がある地の法と推定する。
③ 労働契約の成立及び効力について第7条の規定による選択がないときは、当該労働契約の成立及び効力については、第8条第2項の規定にかかわらず、当該労働契約において労務を提供すべき地の法を当該労働契約に最も密接な関係がある地の法と推定する。

　　　　第3節　物　権　等

〔物権及びその他の登記をすべき権利〕
第13条① 動産又は不動産に関する物権及びその他の登記をすべき権利は、その目的物の所在地法による。
② 前項の規定にかかわらず、同項に規定する権利の得喪は、その原因となる事実が完成した当時におけるその目的物の所在地法による。

　　　　第4節　債　　権

〔事務管理及び不当利得〕
第14条　事務管理又は不当利得によって生ずる債権の成立及び効力は、その原因となる事実が発生した地の法による。
〔明らかにより密接な関係がある地がある場合の例外〕
第15条　前条の規定にかかわらず、事務管理又は不当利得によって生ずる債権の成立及び効力は、その原因となる事実が発生した当時において当事者が法を同じくする地に常居所を有していたこと、当事者間の契約に関連して事務管理が行われ又は不当利得が生じたことその他の事情に照らして、明らかに同条の規定により適用すべき法の属する地よりも密接な関係がある他の地があるときは、当該他の地の法による。

〔当事者による準拠法の変更〕
第16条　事務管理又は不当利得の当事者は、その原因となる事実が発生した後において、事務管理又は不当利得によって生ずる債権の成立及び効力について適用すべき法を変更することができる。ただし、第三者の権利を害することとなるときは、その変更をその第三者に対抗することができない。

〔不法行為〕
第17条　不法行為によって生ずる債権の成立及び効力は、加害行為の結果が発生した地の法による。ただし、その地における結果の発生が通常予見することのできないものであったときは、加害行為が行われた地の法による。

〔生産物責任の特例〕
第18条　前条の規定にかかわらず、生産物（生産され又は加工された物をいう。以下この条において同じ。）で引渡しがされたものの瑕疵により他人の生命、身体又は財産を侵害する不法行為によって生ずる生産業者（生産物を業として生産し、加工し、輸入し、輸出し、流通させ、又は販売した者をいう。以下この条において同じ。）又は生産物にその生産業者と認めることができる表示をした者（以下この条において「生産業者等」と総称する。）に対する債権の成立及び効力は、被害者が生産物の引渡しを受けた地の法による。ただし、その地における生産物の引渡しが通常予見することのできないものであったときは、生産業者等の主たる事業所の所在地の法（生産業者等が事業所を有しない場合にあっては、その常居所地法）による。

〔名誉又は信用の毀損の特例〕
第19条　第17条の規定にかかわらず、他人の名誉又は信用を毀損する不法行為によって生ずる債権の成立及び効力は、被害者の常居所地法（被害者が法人その他の社団又は財団である場合にあっては、その主たる事業所の所在地の法）による。

〔明らかにより密接な関係がある地がある場合の例外〕
第20条　前三条の規定にかかわらず、不法行為によって生ずる債権の成立及び効力は、不法行為の当時において当事者が法を同じくする地に常居所を有していたこと、当事者間の契約に基づく義務に違反して不法行為が行われたことその他の事情に照らして、明らかに前三条の規定により適用すべき法の属する地よりも密接な関係がある他の地があるときは、当該他の地の法による。

〔当事者による準拠法の変更〕
第21条　不法行為の当事者は、不法行為の後において、不法行為によって生ずる債権の成立及び効力について適用すべき法を変更することができる。ただし、第三者の権利を害することとなるときは、その変更をその第三者に対抗することができない。

〔不法行為についての公序による制限〕
第22条①　不法行為について外国法によるべき場合において、当該外国法を適用すべき事実が日本法によれば不法とならないときは、当該外国法に基づく損害賠償その他の処分の請求は、することができない。

② 不法行為について外国法によるべき場合において、当該外国法を適用すべき事実が当該外国法及び日本法により不法となるときであっても、被害者は、日本法により認められる損害賠償その他の処分でなければ請求することができない。
〔債権の譲渡〕
第23条 債権の譲渡の債務者その他の第三者に対する効力は、譲渡に係る債権について適用すべき法による。

　　　　第5節　親　　族

〔婚姻の成立及び方式〕
第24条① 婚姻の成立は、各当事者につき、その本国法による。
② 婚姻の方式は、婚姻挙行地の法による。
③ 前項の規定にかかわらず、当事者の一方の本国法に適合する方式は、有効とする。ただし、日本において婚姻が挙行された場合において、当事者の一方が日本人であるときは、この限りでない。

〔婚姻の効力〕
第25条 婚姻の効力は、夫婦の本国法が同一であるときはその法により、その法がない場合において夫婦の常居所地法が同一であるときはその法により、そのいずれの法もないときは夫婦に最も密接な関係がある地の法による。

〔夫婦財産制〕
第26条① 前条の規定は、夫婦財産制について準用する。
② 前項の規定にかかわらず、夫婦が、その署名した書面で日付を記載したものにより、次に掲げる法のうちいずれの法によるべきかを定めたときは、夫婦財産制は、その法による。この場合において、その定めは、将来に向かってのみその効力を生ずる。
　㈠　夫婦の一方が国籍を有する国の法
　㈡　夫婦の一方の常居所地法
　㈢　不動産に関する夫婦財産制については、その不動産の所在地法
③ 前二項の規定により外国法を適用すべき夫婦財産制は、日本においてされた法律行為及び日本に在る財産については、善意の第三者に対抗することができない。この場合において、その第三者との間の関係については、夫婦財産制は、日本法による。
④ 前項の規定にかかわらず、第1項又は第2項の規定により適用すべき外国法に基づいてされた夫婦財産契約は、日本においてこれを登記したときは、第三者に対抗することができる。

〔離婚〕
第27条 第25条の規定は、離婚について準用する。ただし、夫婦の一方が日本に常居所を有する日本人であるときは、離婚は、日本法による。

〔嫡出である子の親子関係の成立〕
第28条① 夫婦の一方の本国法で子の出生の当時におけるものにより子が嫡出とな

るべきときは、その子は、嫡出である子とする。
② 夫が子の出生前に死亡したときは、その死亡の当時における夫の本国法を前項の夫の本国法とみなす。

〔嫡出でない子の親子関係の成立〕
第29条① 嫡出でない子の親子関係の成立は、父との間の親子関係については子の出生の当時における父の本国法により、母との間の親子関係についてはその当時における母の本国法による。この場合において、子の認知による親子関係の成立については、認知の当時における子の本国法によればその子又は第三者の承諾又は同意があることが認知の要件であるときは、その要件をも備えなければならない。
② 子の認知は、前項前段の規定により適用すべき法によるほか、認知の当時における認知する者又は子の本国法による。この場合において、認知する者の本国法によるときは、同項後段の規定を準用する。
③ 父が子の出生前に死亡したときは、その死亡の当時における父の本国法を第1項の父の本国法とみなす。前項に規定する者が認知前に死亡したときは、その死亡の当時におけるその者の本国法を同項のその者の本国法とみなす。

〔準正〕
第30条① 子は、準正の要件である事実が完成した当時における父若しくは母又は子の本国法により準正が成立するときは、嫡出子の身分を取得する。
② 前項に規定する者が準正の要件である事実の完成前に死亡したときは、その死亡の当時におけるその者の本国法を同項のその者の本国法とみなす。

〔養子縁組〕
第31条① 養子縁組は、縁組の当時における養親となるべき者の本国法による。この場合において、養子となるべき者の本国法によればその者若しくは第三者の承諾若しくは同意又は公的機関の許可その他の処分があることが養子縁組の成立の要件であるときは、その要件をも備えなければならない。
② 養子とその実方の血族との親族関係の終了及び離縁は、前項前段の規定により適用すべき法による。

〔親子間の法律関係〕
第32条 親子間の法律関係は、子の本国法が父又は母の本国法（父母の一方が死亡し、又は知れない場合にあっては、他の一方の本国法）と同一である場合には子の本国法により、その他の場合には子の常居所地法による。

〔その他の親族関係等〕
第33条 第24条から前条までに規定するもののほか、親族関係及びこれによって生ずる権利義務は、当事者の本国法によって定める。

〔親族関係についての法律行為の方式〕
第34条① 第25条から前条までに規定する親族関係についての法律行為の方式は、当該法律行為の成立について適用すべき法による。
② 前項の規定にかかわらず、行為地法に適合する方式は、有効とする。

〔後見等〕
第35条① 後見、保佐又は補助（以下「後見等」と総称する。）は、被後見人、被保佐人又は被補助人（次項において「被後見人等」と総称する。）の本国法による。
② 前項の規定にかかわらず、外国人が被後見人等である場合であって、次に掲げるときは、後見人、保佐人又は補助人の選任の審判その他の後見等に関する審判については、日本法による。
　㈠　当該外国人の本国法によればその者について後見等が開始する原因がある場合であって、日本における後見等の事務を行う者がないとき。
　㈡　日本において当該外国人について後見開始の審判等があったとき。

第 6 節　相　　続

〔相続〕
第36条　相続は、被相続人の本国法による。
〔遺言〕
第37条① 遺言の成立及び効力は、その成立の当時における遺言者の本国法による。
② 遺言の取消しは、その当時における遺言者の本国法による。

第 7 節　補　　則

〔本国法〕
第38条① 当事者が二以上の国籍を有する場合には、その国籍を有する国のうちに当事者が常居所を有する国があるときはその国の法を、その国籍を有する国のうちに当事者が常居所を有する国がないときは当事者に最も密接な関係がある国の法を当事者の本国法とする。ただし、その国籍のうちのいずれかが日本の国籍であるときは、日本法を当事者の本国法とする。
② 当事者の本国法によるべき場合において、当事者が国籍を有しないときは、その常居所地法による。ただし、第25条（第26条第１項及び第27条において準用する場合を含む。）及び第32条の規定の適用については、この限りでない。
③ 当事者が地域により法を異にする国の国籍を有する場合には、その国の規則に従い指定される法（そのような規則がない場合にあっては、当事者に最も密接な関係がある地域の法）を当事者の本国法とする。

〔常居所地法〕
第39条　当事者の常居所地法によるべき場合において、その常居所が知れないときは、その居所地法による。ただし、第25条（第26条第１項及び第27条において準用する場合を含む。）の規定の適用については、この限りでない。

〔人的に法を異にする国又は地の法〕
第40条① 当事者が人的に法を異にする国の国籍を有する場合には、その国の規則に従い指定される法（そのような規則がない場合にあっては、当事者に最も密接な関係がある法）を当事者の本国法とする。
② 前項の規定は、当事者の常居所地が人的に法を異にする場合における当事者の

常居所地法で第25条（第26条第1項及び第27条において準用する場合を含む。）、第26条第2項第2号、第32条又は第38条第2項の規定により適用されるもの及び夫婦に最も密接な関係がある地が人的に法を異にする場合における夫婦に最も密接な関係がある地の法について準用する。

〔反致〕
第41条 当事者の本国法によるべき場合において、その国の法に従えば日本法によるべきときは、日本法による。ただし、第25条（第26条第1項及び第27条において準用する場合を含む。）又は第32条の規定により当事者の本国法によるべき場合は、この限りでない。

〔公序〕
第42条 外国法によるべき場合において、その規定の適用が公の秩序又は善良の風俗に反するときは、これを適用しない。

〔適用除外〕
第43条① この章の規定は、夫婦、親子その他の親族関係から生ずる扶養の義務については、適用しない。ただし、第39条本文の規定の適用については、この限りでない。
② この章の規定は、遺言の方式については、適用しない。ただし、第38条第2項本文、第39条本文及び第40条の規定の適用については、この限りでない。

事項索引

あ行

アメリカ合衆国 …… 27, 28, 119, 120, 122
UNCITRAL …………………………… 282
イギリス ……………………………… 27
遺言 ………………………… 113, 274
　──の方式 ………………… 6, 77, 274
　押印のない── ……………………… 7
意思表示に基づく特別連結 …… 84, 85, 87, 287-289
移送 ………………………… 185-187
一夫多妻婚 …………………………… 161
遺留分 ………………………………… 274
色の分類 …………………………… 50, 52
援用（国際裁判管轄の合意）…… 209, 213
応訴 …………………………… 209, 237
親子間の法律関係 ……… 56, 58, 71, 114

か行

外国会社 ……………………………… 286
外国人ノ署名捺印及無資力証明ニ関スル法律 ……………………………… 8
外国判決の承認 ……… 227, 247, 261, 281
　──の効果 ………………………… 239
　──の要件 ………………………… 232
外国判決の変更 ……………………… 240
会社更生法 …………………………… 191
会社の設立 …………………………… 284
会社法 ………………………………… 286
鏡（反致）………………… 129, 131, 139
確定判決 ………… 221, 223, 224, 230-232
過失相殺 ……………………………… 11

カップル ……………………………… 131
管轄原因 ………………………… 199, 203
管轄権の専属 …………… 199, 200, 202
間接管轄 ………………………… 234, 235
間接規範 ……………………………… 30
既判力 …………………… 221, 222, 225
却下判決 ……………………………… 177
旧法例 ……………………………… 15, 92
協議離婚 ………………………… 260-262
強行規定 …………………… 85-87, 151, 153
寄与過失 ……………………………… 12
緊急脱出装置 …… 153-155, 157, 158, 238
暗闇への跳躍 ………… 30-32, 151, 153, 155
形成力 ………………………………… 223
原告の利益 …………………………… 196
権利の客体 …………………… 42, 43, 66
権利の主体 …………………………… 45, 66
行為能力 ………… 19, 22, 67, 79, 275, 276
公海 …………………………………… 125
後見開始の審判等 …… 104, 107-109, 191
後見等 ………………………………… 67
公権力の行使 ………………………… 247
公示送達 ……………………………… 236
公法 ……………………………… 3, 245, 247, 248
国際裁判管轄 …… 104, 105, 172, 174, 176, 177, 195, 233, 263, 278, 290
　──と国内土地管轄 ………… 183, 184
　──と準拠法選択 ………………… 178
　──に関する規定 ………………… 190
　──の合意 …………… 207, 208, 212, 214, 279, 280, 290
国際私法 ……………………………… 2

事項索引　311

――の意味 …………………2
　　――の法源 …………………14
　狭義の―― …………………14
　広義の―― …………………5
国際司法裁判所 …………………171
国際私法上の公序 ………150, 154, 156,
　　　　　　　　157, 163, 237, 257, 258
　国際的公序 …………………157
　国内的公序 …………………157
国際私法独自説 …………………55-57
国際訴訟競合 …………………240, 242
国際的な子の奪取の民事上の側面に
　関する条約 …………………266, 267
国際物品売買契約に関する国際連合
　条約 …………………166, 282
国際民事手続法 …………………171, 173
　　――の法源 …………………175
国際民事紛争 …………………3
　　――解決の思考過程 …………299
国籍→連結点としての国籍
国内土地管轄 ………183, 184, 186-190
国内法であること …………………32, 258
戸籍実務 …………………112, 134
国家賠償 …………………246, 247
子の奪取 …………………265
婚姻
　　――の効力 …………………40, 69, 70,
　　　　　　　　　84, 100, 105, 252
　　――の実質的成立要件 ……65, 147,
　　　　　　　　　　　　252-257
　　――の成立 …………20, 22, 41, 82, 84,
　　　　　　　　114, 147, 250, 252, 258
　　――の方式 …………77, 110, 147,
　　　　　　　　　　148, 149, 252-257

さ行

債権 …………………37, 43
債権者代位権 …………………47
債権譲渡 …………………43, 66
財産権上の訴え …………………205
裁判権からの免除 …………………178
裁判の適正・迅速 ………195, 197, 198
裁判離婚 …………………260
最密接関係地 ………71, 105-107, 112,
　　　　　　　　261, 277, 278, 288
債務の履行地 …………………280
債務名義 …………………222, 223, 230
詐害行為取消権 …………………48
CISG→国際物品売買契約に関する
　国際連合条約
事実上の親子関係 …………………270, 271
自然人 …………………36, 45
執行判決 …………………230-232, 243
執行力 …………………222, 226
実質的再審査の禁止 ………228, 232, 261
実質的成立要件 …………………41
実質法 …………………30
実質法統一条約 …………………165, 166
失踪の宣告 …………104, 107, 109, 191
実体(「手続」に対する) …………………49
実体的公序 …………………237, 238
自動車損害賠償保障法 …………………11
自動承認の原則 …………………229
私法 …………………3
事務管理又は不当利得 …………………20, 22
重国籍 …………………96, 107, 253
住所 …………………101, 104, 105
住所地法主義 …………………93
準拠法 …………………13
　　――指定の意義 …………………126

——選択規則 …………*14,18-20,53*	段階的連結 …………*69,72,74,87,*
——の不存在 …………………*124*	*99,137,261,264*
準正 ……………………………*78,270*	地域的不統一法国 ……………*119-121*
常居所 ……………………………*100,297*	チケット ……………*199,205,209*
——概念 ………………………*101,102*	知的財産権 ……………*44,246,291*
消費者契約 ………………*87,210,211,*	嫡出親子関係の成立 ……………*78,88,*
214,287-290	*113,270,271*
消滅時効 …………………………*144,146*	懲罰的損害賠償 …………………*248*
素人のど自慢大会の予選 …………*76,81*	直接管轄 ……………………*234,235*
人身売買 ……………………………*162*	通則法→法の適用に関する通則法
親族 ……………………………………*37*	適用結果の不当性 ………*161,162,258*
親族関係の方式 ………………………*77*	手続的公序 ……………………*237-239*
人的不統一法国 ………………*123,124*	手続は法廷地法による ……*49,145,188*
生産物責任 ……………………*69,294*	手続保障 ……………*222,235,238*
性質決定 …………*25,49,61,144-146,*	同一常居所地法 ……………………*71*
149,251,292,295,297	同一本国法 …………………………*71*
——の判断基準 …………………*53*	道垣内正人 …………………………*154*
成年年齢 …………………*9,10,13,275*	当事者間の公平 ……………*195,198*
成立と効力 ………………………*39,40*	特徴的な給付 ………………………*278*
設立準拠法 …………………………*285*	特別の事情 ………*215,216,242,281*
専属管轄 …………………………*199,201*	特許権 ……………………*44,246,291*
選択的連結 …………*75,76,88,272,274*	domicile ……………………………*101*
相互の保証 ……………………*238,239*	
相続 ……………*20,23,25,37,46,67,*	**な行**
114,143,144,273,274	
送達 …………………………*172,235-237*	内外国法の平等 ……*31,32,54,107,112*
送致 ……………………*128-130,145,149,150*	内国牽連性 ………………*161,162,258*
送致範囲 ……*142,144-146,148-150*	南極 …………………………*124,125*
属地主義 ……………………………*246*	二当事者間の関係 ………………*38,64*
	日本人条項 …………………*110,112,260*
た行	任意規定 ……………………………*152*
	任意後見契約 ………………………*41*
代理 ……………………………………*47*	認知 ………………*78,88,270,272,273*
多数当事者間の関係 ……………*46,67*	
単位法律関係 ………………………*21*	**は行**
——概念 …………………………*51*	
——の分類 ………………………*37*	場合分け ……………………*68,70,87*
	配分的連結 …………………*82,83,152*

ハーグ国際私法会議	16, 101, 266
跛行的法律関係	226, 263
判決の効力	188, 189, 220, 224, 227
判決の国際的調和	132, 134
判決の実効性	197
反訴	207
反致	128, 129, 254
——の根拠	131
狭義の——	129, 135
広義の——	129-131
被告の住所	202
被告の利益	195, 196, 203
被相続人	26
非嫡出親子関係の成立	65, 270, 272
夫婦財産制	252
物権	20, 22, 37, 42, 43, 66, 94, 144
不統一法国	118, 254
不法行為	68, 80, 81, 88, 109, 292-294
——に関する訴え	204
——地	204
一般的——	294
扶養義務	47, 67, 73
併合請求	206
法域	119, 120
法源	14, 27, 174
方式	41, 75
法人	36, 45, 285
法制審議会	192
法定債権	37
法廷地	49
法の適用に関する通則法	16, 36
法律行為	19, 22, 36, 64, 73, 85, 105, 276
——の方式	75, 88
法例	15
法例改正要綱試案	192
保証契約	41

本拠地法	285
本国法	22, 26, 92, 93, 96, 98, 99, 120, 121, 135, 253, 254, 264
——主義	92

ま行

南敏文	103
民法90条	156, 157
無国籍	96, 98, 99, 253
迷路	174, 176, 180, 181, 209, 220
名誉毀損	297
名誉信用毀損	294
目的物の所在地	66, 94
門前払い判決	177

や行

養子縁組	270

ら行

離婚	56, 58, 111, 114, 252, 259-263
——の際の親権者・監護権者の決定	55, 264
——の方式	262
——の方法	259
累積的連結	80, 81, 83, 88, 109, 296
例外条項	295, 297
連結政策	87
連結点	22
——としての国籍	94-96, 119
——の基準時	113
連結方法	67, 69, 72-74, 76, 81, 83, 88, 89
単純な——	67-69
労働契約	85, 210, 211, 214, 287, 288, 290
——の準拠法	86
ロッカー	29-31, 54, 87, 118, 121, 126, 127, 142

著者紹介

神前　禎（かんざき・ただし）

　略歴
　　1962年　生まれ
　　1986年　東京大学法学部卒業
　　現在、学習院大学教授
　著書
　　『国際私法〔第3版〕』（有斐閣・2012年、共著）
　　『解説　法の適用に関する通則法』（弘文堂・2006年）

プレップ国際私法	プレップシリーズ

2015（平成27）年3月15日　初版1刷発行

著　者	神前　禎
発行者	鯉渕友南
発行所	株式会社 弘文堂　101-0062 東京都千代田区神田駿河台1の7 TEL 03(3294)4801　振替 00120-6-53909 http://www.koubundou.co.jp
装　丁	青山　修作
印　刷	港北出版印刷
製　本	井上製本所

© 2015 Tadashi Kanzaki. Printed in Japan

JCOPY 〈(社)出版者著作権管理機構　委託出版物〉

本書の無断複写は著作権法上での例外を除き禁じられています。複写される場合は、そのつど事前に、(社)出版者著作権管理機構（電話 03-3513-6969、FAX 03-3513-6979、e-mail:info@jcopy.or.jp）の許諾を得てください。
また本書を代行業者等の第三者に依頼してスキャンやデジタル化することは、たとえ個人や家庭内での利用であっても一切認められておりません。

ISBN978-4-335-31321-9

弘文堂プレップ法学

これから法律学にチャレンジする人のために、覚えておかなければならない知識、法律学独特の議論の仕方や学び方のコツなどを盛り込んだ、新しいタイプの"入門の入門"書。

プレップ 法学を学ぶ前に	道垣内弘人
プレップ 法と法学	倉沢康一郎
プレップ 憲法	戸松秀典
プレップ 憲法訴訟	戸松秀典
プレップ 民法	米倉 明
*プレップ 家族法	前田陽一
プレップ 刑法	町野 朔
プレップ 行政法	高木 光
プレップ 環境法	北村喜宣
プレップ 租税法	佐藤英明
プレップ 商法	木内宜彦
プレップ 会社法	奥島孝康
プレップ 手形法	木内宜彦
プレップ 新民事訴訟法	小島武司
プレップ 破産法	徳田和幸
*プレップ 刑事訴訟法	酒巻 匡
プレップ 労働法	森戸英幸
*プレップ 知的財産法	小泉直樹
プレップ 国際私法	神前 禎

＊印未刊

新 論点講義シリーズ

法科大学院がスタートし、法学部生および法科大学院生が法律を学ぶ際に求めるテキストの形もますます多様化しています。新司法試験をめざす人にとっては良き演習書として、法学未修者にとっては良き入門書として、「論点講義シリーズ」がよりパワフルになって新シリーズにリニューアル！

＊シリーズ名を、「論点講義シリーズ」から変更し、装丁も一新。
　順次、改訂とともに新シリーズへ移行します。★印は新シリーズへ移行済み。

- ●新司法試験対応のテキスト兼演習書。
- ●重要論点をピックアップし、重点にそって解説。
- ●記述的にも視覚的にもわかりやすさを追求。
- ●図表・チャートを多用して重要点を整理。
- ●２色刷を駆使してビジュアルに構成。
- ●学説の分布や対立点、判例の動向などをクローズアップ。
- ●短文・長文のケース・スタディで応用力・実戦力を養成。
- ●法律用語の説明、判例の内容解説、考え方のポイント、一歩立ち入った話、文献案内など役立つ情報を右欄に満載。

★公法(憲法)[第2版]	内野正幸	2000円
★刑法総論	川端　博	2800円
★刑法各論[第2版]	井田　良	2700円
★民法総則	後藤巻則・山野目章夫	2400円
★物権法	平野裕之	2850円
★担保物権法・民事執行法	小林秀之・山本浩美	3300円
★債権総論	本田純一・小野秀誠	2600円
★債権各論	本田純一	3000円
会社法[第5版]	弥永真生	2550円
★民事訴訟法	小林秀之・原　強	3000円
★破産法	小林秀之・齋藤善人	2900円
（以下、続刊あり）		

弘文堂

＊価格(税別)は2015年2月現在